***ACCESO GRATIS** a la Lectura en la Nube*

Para visualizar el libro electrónico en la nube de lectura envíe junto a su nombre y apellidos una fotografía del código de barras situado en la contraportada del libro y otra del ticket de compra a la dirección:

ebooktirant@tirant.com

En un máximo de 72 horas laborales le enviaremos el código de acceso con sus instrucciones.

LA RENUNCIA A LA APLICACIÓN DEL RÉGIMEN ESPECIAL DE LAS AGENCIAS DE VIAJES EN EL IVA: UNA OPCIÓN TRIBUTARIA *SUI GENERIS*

TIRANT TRIBUTARIO

Procedimiento de selección de originales, ver página web:

www.tirant.net/index.php/editorial/procedimiento-de-seleccion-de-originales

LA RENUNCIA A LA APLICACIÓN DEL RÉGIMEN ESPECIAL DE LAS AGENCIAS DE VIAJES EN EL IVA: UNA OPCIÓN TRIBUTARIA *SUI GENERIS*

JOSÉ LUIS BOSCH CHOLBI
Profesor Titular de Derecho financiero y tributario
Universidad de Valencia

tirant lo blanch
Valencia, 2024

Trabajo enmarcado en el Proyecto Prometeo "La necesaria actualización de los sistemas tributarios ante los retos del S. XXI", para grupos de investigación de excelencia 2021/041XXITAX, concedido por la Consellería de Innovación, Universidades, Ciencia y Sociedad Digital, de la Generalitat Valenciana

EDITA: TIRANT LO BLANCH
C/ Artes Gráficas, 14 - 46010 - Valencia
TELFS.: 96/361 00 48 - 50
FAX: 96/369 41 51
Email:tlb@tirant.com
www.tirant.com
Librería virtual: www.tirant.es
DEPÓSITO LEGAL: V-1211-2024
ISBN: 978-84-1056-904-1

Si tiene alguna queja o sugerencia, envíenos un mail a: *atencioncliente@tirant.com*. En caso de no ser atendida su sugerencia, por favor, lea en *www.tirant.net/index.php/empresa/politicas-de-empresa* nuestro Procedimiento de quejas.

Responsabilidad Social Corporativa: http://www.tirant.net/Docs/RSCTirant.pdf

A Carmen y a nuestras hijas,
a quienes tanto quiero y de quienes tanto recibo,
por acompañarme en este viaje tan especial.

ÍNDICE

A. INTRODUCCIÓN. NORMATIVA COMUNITARIA E INTERNA QUE REGULA EL RÉGIMEN JURÍDICO DEL IVA APLICABLE A DETERMINADAS OPERACIONES REALIZADAS POR "AGENCIAS DE VIAJE"

La Ley 37/1992, de 28 de diciembre, del Impuesto sobre el Valor Añadido[1] (en adelante, LIVA), y el Reglamento que la desarrolla (en adelante RIVA), aprobado por el Real Decreto 1624/1992, de 29 de diciembre[2], es la normativa tributaria española que regula la sujeción a dicho Impuesto de las prestaciones de servicios efectuadas por empresarios o profesionales —art. 1 LIVA—, y, por ende, de manera genérica y a salvo de las posteriores puntualizaciones que efectuaremos, las relacionadas con operaciones llevadas a cabo por agencias de viajes y por organizadores de circuitos turísticos.

---

1 BOE núm. 312, de 29 de diciembre de 1992.

2 Vid. el Real Decreto 1624/1992, de 29 de diciembre, por el que se aprueba el Reglamento del Impuesto sobre el Valor Añadido y se modifica el Real Decreto 1041/1990, de 27 de julio, por el que se regulan las declaraciones censales que han de presentar a efectos fiscales los empresarios, los profesionales y otros obligados tributarios; el Real Decreto 338/1990, de 9 de marzo, por el que se regula la composición y la forma de utilización del número de identificación fiscal, el Real Decreto 2402/1985, de 18 de diciembre, por el que se regula el deber de expedir y entregar factura que incumbe a los empresarios y profesionales, y el Real Decreto 1326/1987, de 11 de septiembre, por el que se establece el procedimiento de aplicación de las Directivas de la Comunidad Económica Europea sobre intercambio de información tributaria. BOE nº 314, de 31/12/1992.

En este sentido, la organización de viajes o circuitos turísticos o, incluso, la prestación de un servicio generalmente relacionado o vinculado con ello —sea con carácter habitual u ocasional—, efectuada por empresarios o profesionales —o sociedades mercantiles— a título oneroso, en el desarrollo de su actividad empresarial o profesional —incluso aquella realizada a favor de los propios socios—, *ex* art. 4 LIVA, resulta sujeta al Impuesto sobre el Valor Añadido (en adelante, IVA) si cumple con las restantes exigencias establecidas en los preceptos que, en general, regulan los elementos esenciales de dicho Impuesto. No obstante, la casuística en la que se desenvuelven las actividades y operaciones relacionadas con este ámbito económico es sobresaliente, como también lo es la complejidad fiscal que pueden presentar, en la práctica, los servicios prestados por las agencias de viajes y organizadores de circuitos turísticos.

En efecto, no es extraño que empresas mayoristas dedicadas empresarialmente a estas actividades programen, elaboren y organicen viajes para ser ofrecidos en venta, a través de otras agencias de viajes minoristas, las cuales ya los enajenan a los consumidores finales[3]. En muchas ocasiones, esas operaciones propias de

---

3 Por poner solamente un ejemplo, de los muchos posibles, en el caso enjuiciado por la Sentencia de la Audiencia Nacional, de 13 de octubre de 2021, Rec. nº 498/2019 [ECLI ES:AN:2021:4312 (*Tol 8631322*)], se trataba de una empresa inscrita en el Registro Oficial de Entidades de la Zona Especial Canaria cuya actividad consistía en adquirir, en nombre y por cuenta propia, plazas hoteleras, así como billetes y plazas en cualquier medio de transporte, tanto a hoteles y a compañías de transporte nacionales como extranjeras. En este ejercicio de esa actividad, y una vez adquiridos los productos turísticos, vendía las plazas de los hoteles y billetes con destino España, a Tour Operadores extranjeros, que, a su vez, los vendían a Agencias Minoristas y, éstas, a los viajeros.
En la Sentencia de la Audiencia Nacional, de 2 de junio de 2014, Rec. nº 277/2012, se pueden apreciar las dificultades que surgen, en ocasiones, para decidir si determinadas prestaciones de servicios resultan sujetas a este régimen especial en el IVA. De hecho, considera que, ni acudiendo a un criterio objetivo, ni teniendo en cuenta uno finalista, puede identificarse la actividad de crucero con la de transporte de viajeros, y ello porque, como sostiene la Administración, la actividad de crucero encierra unas prestaciones y servicios que la diferencian de la de transporte de viajeros —criterio objetivo—, y tampoco la finalidad del crucero es trasladar a los pasajeros de un punto a otro geográfico —criterio finalista—, sino ofrecer unas prestaciones más complejas que el simple transporte. Así las cosas, no se trata de operaciones exentas, sino de operaciones sujetas y sometidas al régimen especial. Asimismo, las excursiones, que no consta que fueran organizadas por los mayoristas, sino que lo fueron a través de terceros, son un servicio optativo del crucero y por ello sometidas al régimen especial [ECLI:ES:AN:2014:2897 (*Tol 4429776*)].

la actividad de una agencia de viajes se componen de múltiples prestaciones de servicios —especialmente, en materia de transporte y alojamiento—, que se realizan tanto dentro como fuera del territorio del Estado miembro en el que la empresa tiene su domicilio o un establecimiento permanente[4]. Todo ello, introduce dificultades notorias para concretar incluso el régimen tributario que, en cada caso, pueda resultarles de aplicación, pues complicado resulta, incluso, tener claro cuál es el lugar donde se debe someter a gravamen, cuál es la base imponible y cuál la deducción del impuesto soportado, al llevarse a cabo una multiplicidad de prestaciones, ubicadas incluso en países distintos[5], que pueden resultar territorios donde se aplica el Impuesto, o no[6]. Si la normativa del IVA no atendiera a esta complejidad que todo ello comporta para las empresas de este sector económico se podría llegar, incluso, a "obstaculizar el ejercicio de su actividad", como,

---

4 Vid., sobre las exigencias para calificar como establecimientos permanentes a determinadas sucursales de agencias de viajes, el f.j. 2º de la Sentencia de la Audiencia Nacional, de 14 de noviembre de 2007, Rec. nº 128/2006 [ECLI:ES:AN:2007:5340 (*Tol 5264177*)] en la que se cita una anterior Sentencia de la propia Sala, de 24 de octubre de 2003, y a la Sentencia del TJUE, de 20 de febrero de 1997, As. C-260/95 [ECLI:EU:C:1997:77 (*Tol 221121*)].

5 Así, la Sentencia del TSJ de Madrid, de 30 de septiembre de 2008, Rec. nº 363/2005, ante una agencia de viajes que se dedica a la intermediación en el transporte aéreo internacional que había venido tributando al régimen general del IVA, aplicando, a la totalidad de los servicios prestados, la exención propia de las actividades mediadoras en el transporte aéreo del artículo 22 de la LIVA, mantiene que: "La valoración es, por tanto, una cuestión de hecho, y está en función de las características esenciales de cada caso. Las circunstancias de hecho que se dan en el presente caso no pueden considerarse sencillas: realmente se trata de una entidad comunitaria que crea una filial en España (la recurrente) y que realiza una actividad de concierto con determinadas entidades de transporte aéreo para la comercialización de una determinada modalidad de billete que éstas aceptan y que aquellas ponen en circulación a través de entidades minoristas. A partir de aquí se establece un conjunto de relaciones jurídicas caracterizadas por la existencia de contratos y convenios que disciplinan la prestación del servicio en cuestión" [ECLI:ES:TSJM:2008:16961 (*Tol 1431311*)].

6 En este sentido, CUBERO TRUYO, A., "Los regímenes especiales en la Sexta Directiva de la CEE", *Noticias de la CEE*, nº 69, 1990, p. 75, recalca que la existencia de este régimen especial persigue evitar la distorsión que produce el «soportar 'IVA' en países distintos al de suyo, un IVA irrecuperable por la imposibilidad de deducir IVAs extranjeros»

con razón, reflejaron las Sentencias del TJUE, de 22 de octubre de 1998[7] y de 12 de noviembre de 1992[8].

Precisamente, para tratar de solventar, en la medida de lo posible, las dificultades que se presentan al realizarse operaciones relativas a la organización de viajes o circuitos turísticos con estas circunstancias se estableció un régimen especial de tributación en el Impuesto sobre el Valor Añadido que persigue: la "simplificación de las normas del IVA aplicables a las agencias de viajes. También pretende repartir los ingresos por recaudación del impuesto de manera equilibrada entre los Estados miembros, garantizando, por una parte, asignar los ingresos por IVA correspondientes a cada servicio individual al Estado miembro en que finalmente se disfruta y, por otra parte, asignar los derivados del margen de la agencia de viajes al Estado miembro en que se encuentra establecida", como recalcó la Sentencia del TJUE, de 26 de septiembre de 2013[9].

El ordenamiento comunitario no permaneció ajeno a esta problemática que presenta el IVA, en este sector económico, dada su importancia. Así, por primera vez, se introdujeron previsiones específicas en el art. 26 y ss. de la Sexta Directiva 77/388/CEE, del Consejo, de 17 de mayo de 1977, en materia de armonización de las legislaciones de los Estados miembros relativas a los impuestos sobre el volumen de negocios[10]. Regulación que, después, se recogió en los artículos 306

---

7 Sentencia del TJUE, de 22 de octubre de 1998, As. C-308/96 y C-94/97, Madggett y Baldwin, apartado 18 [ECLI:EU:C:1998:496 (*Tol 103960*)].

8 Sentencia del TJUE, de 12 de noviembre de 1992, As. C-163/91, Van Ginkel, Rec. p. I-5723, apartados 13 a 15 (ECLI:EU:C:1992:435). LONGAS LAFUENTE, A., Impuesto sobre el Valor Añadido (2). Comentarios y Casos prácticos. CEF, 2023, pág. 1876 y 1901.

9 Sentencia TJUE, de 26 de septiembre de 2013, Comisión contra España, Asunto C-189/11 (ECLI:EU:C:2013:587). Esta finalidad también ha sido resaltada por RAMÍREZ GÓMEZ, S. "Régimen especial de las agencias de viajes", en *Los regímenes especiales del Impuesto sobre Sociedades y del IVA*. Tecnos, Madrid, 2016, págs. 376-377, destacando también la necesidad de asignar correctamente los ingresos del IVA entre los Estados miembros, en función del lugar donde se produce la prestación final de cada uno de los servicios afectados.

10 DOCE L 145, de 13 de junio. De hecho, como reconocen las sentencias del TJUE, de 19 de junio de 2003, First Choice Holidays, C-149/01, apartados 23 a 25 [ECLI:EU:C:2003:358 (*Tol 27657*)]; de 13 de octubre de 2005, ISt, C-200/04, apartado 21 [ECLI:EU:C:2005:608 (*Tol 4625277*)], y de 9 de diciembre de 2010, Minerva Kulturreisen, C-31/10, apartados 17 y 18 (ECLI:EU:C:2010:762), para adaptar las

a 310 de la Directiva 2006/112/CE, de 28 de noviembre de 2006, relativa al sistema común del IVA[11], en los que se establece un régimen especial obligatorio en este Impuesto para las prestaciones de servicios llevadas a cabo por agencias de viajes y los organizadores de circuitos turísticos cuando la actividad se lleva a cabo en determinadas condiciones. Preceptos recogidos en el Título XII, en el que se regulan los denominados "regímenes especiales"; concretamente en su Capítulo 3 —intitulado "Régimen especial de las agencias de viajes"—[12].

---

normas aplicables al carácter específico de esta concreta actividad, el legislador de la Unión ya estableció, en los apartados 2, 3 y 4 del artículo 26 de la Sexta Directiva, un régimen especial de IVA.

11 DOCE L 347/1, de 11 de diciembre de 2006.
Como reflejó, en su día, CHECA GONZÁLEZ, C., *Los regímenes especiales de liquidación del IVA*. Comares, Granada, 1986, pág. 172: "El fundamento del régimen especial para las agencias de viajes establecido en el art. 26 de la VI Directiva de la CEE en una materia de IVA, y, en adecuación al mismo, en los artículos 61 de la Ley española y 125 y siguientes de su Reglamento, se encuentra, como bien ha señalado A. Delgado Pacheco, en que con el mismo se permite la corrección de los efectos que se derivarían ante la aplicación del IVA "del desajuste que se observa entre los *inputs* y los *outputs* de las agencias operadoras, tanto desde un punto de vista temporal como territorial. Temporalmente, permite eludir los problemas derivados del hecho de que en muchas ocasiones las agencias contratan sus *outputs* antes de haber confirmado sus *inputs*. Territorialmente, sobre todo, el régimen especial permite a las agencias deducirse el IVA soportado de sus proveedores, aunque sea un IVA extranjero. De otro modo, las agencias no podrían recuperar la carga indirecta soportada". Vid. DELGADO PACHECO, A., "El régimen de las operaciones de agencia y mediación en el IVA", *Crónica Tributaria*, nº 45, 1983, pág. 89, y QUEROL GARCÍA, V., "El IVA y las agencias de viajes", *Gaceta Fiscal*, nº 5, 1983, pág. 116.
También, según GUERVÓS MAÍLLO, M. A., *Los regímenes especiales del Impuesto sobre el Valor Añadido*. Tirant lo Blanch, Valencia, 2015, pág. 141: "La propia naturaleza de las agencias de viaje (peculiaridades de su actividad, el diverso modo en que se presentan) que realizan su trabajo en distintos países, demandaba un régimen especial que armonizara su tributación en este impuesto y evitara con ello obstáculos para su funcionamiento".

12 En dicho Título XII de la Directiva, se ha establecido, asimismo, el "régimen especial de las pequeñas empresas" —previsto en el Capítulo 1—, el "Régimen común de tanto alzado de los productores agrícolas" —Capítulo 2—, el "Régimen especial aplicable a los bienes de ocasión, objetos de arte, antigüedades y objetos de colección" —Capítulo 4—, el "Régimen especial aplicable al oro de inversión" —Capítulo 5—, el "Régimen especial aplicable a los sujetos pasivos no establecidos que suministren por vía electrónica servicios a personas que no sean sujetos pasivos —Capítulo 6—.

Para asumir, en España, esos objetivos comunitarios y reflejarlos en la normativa tributaria interna, las prestaciones de servicios que tienen que ver con la organización de viajes o circuitos turísticos pueden resultar afectadas por la aplicación de uno de los denominados "*regímenes especiales*" que están establecidos en la citada Ley 37/1992, de 28 de diciembre, del IVA; concretamente, entre los regulados en su Título IX.

En este sentido, Longas Lafuente considera que esta posibilidad de optar por la renuncia en el IVA "plantea serias dudas de su adecuación a la normativa de la Unión, sobre todo a la vista de la jurisprudencia del TJUE (S. de 27 de enero de 2021, Asunto C-787/19, Comisión/Austria)"[13].

Sin embargo, la coincidencia entre una y otra normativa, la comunitaria y la interna, no es total. Como veremos, en ninguno de los citados preceptos de la Directiva comunitaria —arts. 306 a 310— se prevé la posibilidad de que produzca una renuncia a la aplicación "obligatoria" de dicho régimen especial. Previsión de renuncia a ese régimen especial de tributación en el IVA a determinadas operaciones llevadas a cabo por agencias de viajes u organizadores de circuitos turísticos que sí que se establece, por el contrario, en la normativa tributaria española[14].

Esta divergencia entre la regulación establecida en la Directiva Comunitaria y la prevista en la Ley del IVA española también llevó a Ramírez Gómez[15] a en-

---

13 LONGAS LAFUENTE, A., *Impuesto sobre el valor añadido (2). Op. cit.*, pág. 1875, llega a considerar que esta opción podría "conllevar un tratamiento que implique un trato más favorable a aquellos empresarios o profesionales que contraten con agencias de viajes localizadas en el territorio de aplicación del impuesto".

14 Incluso, HERNANDO, B., "Régimen especial de las agencias de viajes", *La reforma del IVA*, Tirant lo Blanch, Valencia, 2015 (*Tol 4649126*), denunció que, en aquel momento, "Para esta opción, se cuenta con un antecedente, en Suecia, además de que la regulación del régimen especial no resulta homogénea en aquellos otros Estados miembros que aplican el régimen exclusivamente en los casos en que el destinatario es una persona que no actúa en calidad de empresario o profesional, sin haber ejecutado la STJUE en este punto".

15 RAMÍREZ GÓMEZ, S. "Régimen especial de las agencias de viajes", *Los regímenes especiales del Impuesto sobre Sociedades y del IVA*. Tecnos, Madrid, 2016, pág. 382, pone de relieve que: "Sobre esta modificación, que convierte el régimen especial en voluntario cuando el cliente es un sujeto pasivo con derecho a la deducción del IVA soportado, hay que advertir de un posible incumplimiento de la Directiva IVA, pues ésta no contempla tal posibilidad (recogiendo una página web de la Comisión http://ec.europa.eu/

tender que, con ello, se estaba incumpliendo la citada Sexta Directiva del IVA, aunque, como también afirma, "mientras dicho incumplimiento no se declare, la citada opción es posible, por lo que es conveniente describir los efectos de la misma sobre la agencia de viajes y su cliente". Incumplimiento sobre el que, hasta la fecha, no se ha pronunciado el TJUE.

En nuestra normativa tributaria interna, el Capítulo I del Título IX de la Ley del IVA, se destina a regular las "*Normas generales*", y, específicamente, el artículo 120.Uno de dicha Ley ofrece un listado en el que se concretan cuáles son esos "*regímenes especiales en el Impuesto sobre el Valor Añadido*"[16]; de entre ellos, en

---

taxation-customs/taxationn/vat/how_vat_works/especial_schemes/index_fr.htm) en la que, según el autor, se recogía el carácter obligatorio del régimen especial).
El problema que con la misma se trata de resolver, la posible deducción del IVA soportado por el cliente, es un problema consustancial a las características del régimen especial en su actual regulación, y así lo reconoce el Abogado General, en las conclusiones a la Sentencia del TJUE de 26 de septiembre de 2013, anteriormente citada, al declarar que "los objetivos de régimen especial son, específicamente, simplificar los procedimientos y garantizar la correcta atribución de los rendimientos del IVA. No hay indicación alguna de que también se pretendiera garantizar la deducción de todo el impuesto soportado en las prestaciones de viajes recibidas para fines profesionales sujetas al impuesto, aun cuando ello hubiera sido un objetivo deseable". Consciente del problema descrito, la Propuesta de Directiva COM/2002/64 final, por la que se pretendía modificar el régimen especial, contenía una previsión en la que parece haberse inspirado la modificación española. Dicha propuesta, sin embargo, no consiguió el acuerdo necesario para su aprobación y ha sido retirada por obsoleta (2014/C/153/03).
En consecuencia, con la actual redacción de la Directiva del IVA hay que concluir el carácter obligatorio del régimen especial de las agencias de viajes, por lo que, en nuestra opinión, la opción introducida en la ley española, en parecidos términos a la prevista para el régimen especial de los bienes usados, debe considerarse contraria al ordenamiento de la Unión".

16 Dicho precepto dice así: "Artículo 120. Normas generales.
Uno. Los regímenes especiales en el Impuesto sobre el Valor Añadido son los siguientes:
1.º Régimen simplificado.
2.º Régimen especial de la agricultura, ganadería y pesca.
3.º Régimen especial de los bienes usados, objetos de arte, antigüedades y objetos de colección.
4.º Régimen especial aplicable a las operaciones con oro de inversión.
5.º Régimen especial de las agencias de viajes.
6.º Régimen especial del recargo de equivalencia.
7.º Regímenes especiales aplicables a las ventas a distancia y a determinadas entregas interiores de bienes y prestaciones de servicios.

su apartado Uno.5º, se alude a la existencia de un "*Régimen especial de las agencias de viajes*". Pero no sólo eso, sino que, en el apartado Dos de dicho precepto legal, se efectúa una matización que no puede pasar inadvertida: "*Los regímenes especiales regulados en este Título tendrán carácter voluntario, a excepción de los comprendidos en los números 4.º, 5.º y 6.º del apartado anterior, sin perjuicio de lo establecido en el artículo 140 ter de esta Ley*". Esta referencia a lo previsto en el artículo 140 ter de la LIVA no despliega ningún efecto en nuestra materia objeto de estudio, puesto que, en él, se prevé la posibilidad de renunciar a la exención del Impuesto únicamente cuando se trate de entregas de oro de inversión, y se introducen exigencias dirigidas a la aplicación de la exención del IVA en el caso de los servicios de mediación cuando se produce una entrega oro de inversión de las reguladas en el art. 140.bis.uno.2º de la Ley.

Pues bien, si atendemos a cuanto se desprende de la regulación proporcionada por el citado art. 120, en sus apartados Uno y Dos, de la LIVA, la aplicación del régimen especial de las agencias de viajes en este Impuesto parece no tener carácter voluntario, sino obligatorio. De hecho, si se efectúa una lectura apresurada de los referidos apartados Uno y Dos del artículo 120 de la citada Ley del IVA, podría llegarse a concluir, de entrada, que:

1. uno de los regímenes especiales establecidos en la normativa española del IVA es el previsto para cualquier operación que lleve a cabo una empresa o agencia dedicada a la organización o venta de viajes, o circuitos turísticos.
2. y su aplicación no tiene carácter voluntaria, sino obligatoria, en todo caso.

Sin embargo, como seguidamente analizaremos, el denominado legalmente "régimen especial de las agencias de viajes" se aplica a cualquier operación efectuada por un empresario o profesional o cualquier empresa independientemente de que pueda catalogarse como tal, o no; ni de que reciba esa calificación o se autocalifique como "agencia de viajes" u organizador de circuitos turísticos. De hecho, a pesar de la denominación con que la Ley califica a dicho régimen tributario especial, su aplicación no depende de la existencia formal de una "agencia de viajes" *stricto sensu*, ni de que la empresa o el empresario así se autodenominen, ni tampoco de que conste inscrita en cualquier registro, público o privado

8.º Régimen especial del grupo de entidades.
9.º Régimen especial del criterio de caja".

—por ejemplo, en el epígrafe 755 de las Tarifas del Impuesto sobre Actividades Económicas[17], o de que coincida con la descripción que se realiza en la CNAE 63302-Agencias de viajes, en el que se comprenden, como actividades propias de las agencias de viajes: el suministro de información, asesoramiento y planificación de viajes; la organización de giras personalizadas, el alojamiento y transporte de viajeros y turistas; el suministro de billetes, venta de excursiones con todo comprendido, etc.—.

De hecho, por ejemplo, la Sentencia del TSJ de Madrid, de 25 de octubre de 2012, Rec. nº 530/2010[18], admitió la aplicación de este régimen especial de las agencias de viajes en el IVA a una mercantil que no era ni operador turístico ni agente de viajes, pero, en el desarrollo de su actividad de organización de cursos de idiomas por cuenta propia para los alumnos, proporcionaba los servicios de desplazamiento y alojamiento que prestaban otros empresarios o profesionales, sin que pudiera calificarse de actividad meramente accesoria, en atención a las cifras del volumen de negocio obtenidas.

En definitiva, el criterio determinante para considerar aplicable este régimen especial en el IVA, a la actividad de una determinada empresa o empresario, se centra en el carácter y contenido de cada una de las concretas prestaciones de

---

17 Así, en la Sentencia de la Audiencia Nacional, de 28 de mayo de 2009, Rec. nº 138/2008, el objeto litigioso tenía que ver con que si una empresa, pese a estar dada de alta en el IAE como agencia de viajes mayorista en el epígrafe 755.1 (agencias de viajes servicios a otras agencias de viajes), estaba sometida, o no, al régimen especial de agencias de viajes, o si debía tributar en el régimen general del IVA, estando exenta de tributación en dicho Impuesto, al dedicarse a la intermediación del transporte [ECLI:ES:AN:2009:2520 (*Tol 5270982*)].

18 Sentencia, de 25 de octubre de 2012, Rec. nº 530/2010 [ECLI:ES:TSJM:2012:13155 (*Tol 2689992*)]. Y, sin embargo, por ejemplo, la Sentencia de la Audiencia Nacional, de 12 de enero de 2011, Rec. nº 258/2009, tratándose de una organización contratada por un cliente para organizar un seminario en España, para lo cual contrató, a su vez, lo necesario para que tuviera lugar el evento, suscribiendo contratos que incluían cláusulas de cancelación —que debieron ejecutarse por tener lugar la referida cancelación—, en la medida en que desarrolló una actividad de intermediación entre una empresa y el proveedor de los alojamientos, y no propiamente la venta de plazas hoteleras a otras agencias o a otros tour-operadores —que, a su vez, prestan servicios a viajeros—, estimó que esas operaciones no entraban dentro del ámbito objetivo de aplicación del régimen especial de las agencias de viajes, y que tenía derecho a la devolución de las cuotas del IVA que le fueron repercutidas con ocasión de las operaciones litigiosas [ECLI:ES:AN:2011:26 (*Tol 2028274*)].

servicios que se lleven a cabo. Por ese motivo, como recalcó Tejerizo López[19], la propia denominación del régimen tributario "régimen especial de las agencias de viajes" utilizado por la Ley del IVA (y por la citada Directiva comunitaria) es equívoca, pues, ni se aplica sólo a las denominadas formalmente como agencias de viaje, ni abarca a todas las actividades que éstas realicen.

Pero, no sólo eso, sino que, a diferencia de cuánto puede concluirse de la afirmación del citado artículo 120, en su apartado segundo, de la LIVA, tampoco puede considerarse obligatoria, en todo caso, la aplicación de este régimen tributario especial en el IVA.

Así pues, si este "régimen especial de las agencias de viajes" en el IVA no puede identificarse con todas las prestaciones de servicios que tengan que ver con la organización de viajes o circuitos turísticos, ni tampoco resulta obligatoria su aplicación, será necesario desentrañar, entonces, a quién y cómo se aplica este régimen especial en el IVA, al que alude el artículo 120 LIVA. Y, para ello, se debe acudir a la regulación que aporta, más detalladamente, el Capítulo XI del Título IX de la citada Ley 37/1992, artículos 141 a 147, que está dedicado específicamente al denominado "*Régimen especial de las agencias de viajes*" —en adelante, REAV—.

Esta regulación legal debe ser completada con las matizaciones establecidas en el artículo 52 del RIVA, que recoge determinadas previsiones sobre cómo debe llevarse a cabo la decisión de renunciar a la aplicación del régimen especial en dicho Impuesto y cómo optar por la aplicación del régimen general del Impuesto, dado que el artículo 53 del citado Reglamento se dedica a establecer las obligaciones registrales específicas que se deben cumplir en este régimen fiscal especial en el IVA[20].

---

19 En este sentido, TEJERIZO LÓPEZ, J. M., "El turismo y el Impuesto sobre el Valor Añadido", *Revista Nueva Fiscalidad*, nº 1, 2002, pág. 53. Vid., también, GARCÍA CALVENTE, Y., "La modificación del régimen especial de las agencias de viaje", *Revista Jurisprudencia Tributaria Aranzadi*, nº 12/2004 (BIB 2004\1594). Cfr. SÁNCHEZ HUETE, M. A., "Régimen especial de agencias de viaje. Unidad de prestación, diversidad de tipos", *Revista Quincena Fiscal*, nº 9, 2013 (BIB 2013\920).

20 Concretamente, el artículo 53 del RIVA se intitula "Obligaciones registrales específicas" de este régimen tributario especial en el IVA, y alude a que: "Los sujetos pasivos deberán anotar en el Libro Registro de facturas recibidas, con la debida separación, las correspondientes a las adquisiciones de bienes o servicios efectuadas directamente en interés del viajero". En este sentido, el Real Decreto 1007/2023, de 5 de diciembre, por el que

A.1. ÁMBITO OBJETIVO Y SUBJETIVO DE APLICACIÓN

El artículo 141 de la Ley 37/1992 especifica, en su apartado primero, cuándo resulta de aplicación el denominado régimen especial de las agencias de viajes, mientras que, en su apartado segundo, se especifica a qué operaciones no les resultará de aplicación este régimen especial en el IVA[21].

Así pues, el apartado primero del citado art. 141 LIVA, concreta, en primer lugar, cuándo se pueden considerar operaciones realizadas por agencias de viajes a las que les puede resultar de aplicación este régimen especial; en segundo lugar, se aporta, también, una descripción de qué se consideran viajes, a tales efectos; y, en tercer lugar, el artículo 141 de la LIVA amplía el ámbito de aplicación de este régimen especial en dicho Impuesto, pues considera que alcanza, también, a las operaciones que realicen quienes organicen circuitos turísticos o a cualquier empresario o profesional que cumpla con las exigencias normativas previstas.

En este sentido, tal y como expresamente matiza el artículo 141 LIVA, por prestaciones de servicios relacionadas con la organización de viajes o circuitos turísticos se han de entender incluidos "los servicios de hospedaje o transporte prestados conjuntamente o por separado y, en su caso, con otros de carácter accesorio o complementario de los mismos". Estas concretas operaciones, objetiva-

---

se aprueba el Reglamento que establece los requisitos que deben adoptar los sistemas y programas informáticos o electrónicos que soporten los procesos de facturación de empresarios y profesionales, y la estandarización de formatos de los registros de facturación (BOE, de 06/12/2023), establece, en su Disposición adicional segunda, en relación con las agencias de viajes, que: "Los requisitos de los sistemas informáticos de facturación establecidos en el artículo 8 del Reglamento, en los casos previstos en la disposición adicional cuarta del Reglamento por el que se regulan las obligaciones de facturación, serán exigibles a las agencias de viajes que expidan las facturas."

21 El artículo 141 LIVA dice así: "*Régimen especial de las agencias de viajes.*
Uno. El régimen especial de las agencias de viajes será de aplicación:
1.º A las operaciones realizadas por las agencias de viajes cuando actúen en nombre propio respecto de los viajeros y utilicen en la realización del viaje bienes entregados o servicios prestados por otros empresarios o profesionales.
A efectos de este régimen especial, se considerarán viajes los servicios de hospedaje o transporte prestados conjuntamente o por separado y, en su caso, con otros de carácter accesorio o complementario de los mismos.
2.º A las operaciones realizadas por los organizadores de circuitos turísticos y cualquier empresario o profesional en los que concurran las circunstancias previstas en el número anterior".

mente enumeradas, en el apartado uno.1º del citado precepto legal, son las únicas respecto de las que se puede predicar la aplicación de este régimen especial.

En efecto, a tenor de cuanto recoge el art. 140.Uno.5º de la LIVA, bien pudiera parecer que se establece un régimen especial en el IVA que resulta de aplicación a cualquier prestación de servicio que lleve a cabo una empresa o empresario que pueda ser considerada, jurídica o formalmente, una "agencia de viajes". Sin embargo, la regulación que aporta la propia Ley del Impuesto, desde su reforma en 2014, exige matizar que dicho régimen especial solamente se aplicará a determinadas prestaciones de servicios —no a todas— que efectúen las denominadas "agencias de viajes" u operadores asimilados, y únicamente cuando lleven a cabo esas concretas operaciones descritas en la Ley. En este sentido, no está de más advertir que resultará posible que, respecto de una determinada prestación de servicios, que cumpla con el resto de exigencias normativas, pueda renunciarse a la aplicación del régimen especial del IVA en ese concreto caso, y, sin embargo, llevándose a cabo esa misma operación o prestación de servicios con posterioridad, no se renuncie a la aplicación de dicho régimen especial.

Por supuesto, en la medida en que esa misma empresa o profesional lleve a cabo prestaciones de servicios que se pueden entender incluidas en esa definición legal y, a su vez, también realice otras que no cumplen las exigencias normativas, puede darse el caso de que una misma "agencia de viajes u organizador de circuitos turísticos" tenga que liquidar el IVA devengado aplicando, en unos casos, el régimen especial y, respecto de otras operaciones, el régimen general del Impuesto, de forma simultánea en la misma autoliquidación, lo que, en definitiva, va a depender de cuáles sean, en cada caso, las prestaciones de servicios relacionados con viajes que lleve a cabo.

Esta posibilidad trae causa de la necesidad de adaptar la normativa española del IVA a la orientación que había mantenido el Tribunal de Justicia de la Unión Europea, en la citada Sentencia de 22 de octubre de 1998[22], partidaria de situar el perno sobre el que hace pivotar la obligación de aplicar este régimen especial, no en la denominación de la empresa que presta el servicio, ni siquiera en su estatuto formal[23], sino propiamente en las concretas y determinadas operaciones o presta-

---

[22] Sentencia del TJUE, de 22 de octubre de 1998, Asuntos acumulados C-308/96 y C-94/97, Asuntos Madggett y Baldwin [ECLI:EU:C:1998:496 (*Tol 103960*)].

[23] Existía un Decreto 1.524/1973, de 7 de junio, que reguló el ejercicio de las actividades propias de las agencias de viajes, y una Orden, de 9 de agosto de 1974, por la que se

ciones de servicios que se llevaban a cabo. Adaptación de la normativa española que, sin embargo, no se produjo hasta que se reformó la Ley del IVA por la Ley 28/2014, de 27 de noviembre.

En efecto, esta Sentencia del TJUE, de 22 de octubre de 1998, puso de relieve, en su f.j. 20, que: "las razones subyacentes al régimen especial aplicable a las agencias de viajes y a los organizadores de circuitos turísticos son igualmente válidas en el supuesto en que el operador económico no sea una agencia de viajes o un organizador de circuitos turísticos en el sentido generalmente dado a estos términos, pero efectúe operaciones idénticas en el marco de otra actividad, como es la actividad hotelera". De hecho, como sigue explicando el Tribunal de Luxemburgo, en dicho pronunciamiento, en su f.j. 21, si dicho régimen especial se reservase únicamente a los operadores económicos que sean agencias de viajes u organizadores de circuitos turísticos en el sentido generalmente dado a estos términos, ello podría dar lugar a que: "prestaciones idénticas estuviesen comprendidas dentro del ámbito de aplicación de disposiciones diferentes según el estatuto formal del operador económico". Y, sobre todo, determinar la tributación de la operación en función de la calificación previa del operador, tendría una consecuencia práctica, nada desdeñable, pero rechazable, según el Tribunal: "sería contrario al objetivo de esta disposición, crearía una distorsión de competencia entre los operadores y comprometería la aplicación uniforme de la Sexta Directiva" (f.j. 22).

No se trata de una doctrina aislada del Tribunal de Luxemburgo, sino que, en idéntico sentido, la Sentencia del TJUE, de 13 de octubre de 2005[24], reiteró

---

aprobó en Reglamento de régimen jurídico de las agencias de viajes y de sus actividades, que lo desarrollaba. Aquel fue sustituido por el Real Decreto 271/1988, de 25 de marzo, por el que se regula el ejercicio de las actividades propias de las Agencias de Viajes, que, a su vez, fue derogado por el Real Decreto 39/2010, de 15 de enero, por el que se derogan diversas normas estatales sobre acceso a actividades turísticas y su ejercicio, para respetar el ámbito competencial autonómico.

24 La Sentencia, de 13 de octubre de 2005, Finanzamt Heidelberg contra ISt internationale Sprach- und Studienreisen GmbH, As. C-200/04, Rec. 2005 I-0 8691, reconoce que: "*las razones subyacentes al régimen especial aplicable a las agencias de viajes y a los organizadores de circuitos turísticos son igualmente válidas en el supuesto en que el operador económico no sea una agencia de viajes o un organizador de circuitos turísticos en el sentido generalmente dado a estos términos, pero efectúe operaciones idénticas en el marco de otra actividad. En efecto, una interpretación que reserve la aplicación del artículo 26 de la Sexta Directiva únicamente a los operadores económicos que sean agencias de viajes u organiza-*

que no resulta determinante para la aplicación de este régimen especial en el IVA que el operador económico sea, o no, una agencia de viajes o un organizador de circuitos turísticos en el sentido generalmente dado a estos términos, siempre que, aunque lleve a cabo otro tipo de actividad mercantil, efectúe operaciones idénticas a las que se refiere este régimen tributario especial. En este sentido, se han pronunciado las Sentencias del TSJ de Andalucía, Sala de Granada, de 20 de septiembre de 2022, considerando irrelevante que, en los estatutos de la mercantil afectada, incluso se reflejara, paradójicamente, que se excluía la actividad de agencias de viaje, pues concede verdadero valor a la actividad que real y materialmente presta la sociedad en aras de la realización efectiva del principio de neutralidad del IVA, sin que resulte determinante el nombre formal que se dé a la misma, "y sin que tenga relevancia lo declarado en los estatutos otorgados años antes de la realización de la actividad" —f.j. 5º—[25].

Por eso, este régimen especial del IVA también resulta de aplicación a todas aquellas personas o entidades que realicen actividades que, objetivamente, sean similares a las llevadas a cabo por las consideradas agencias de viaje. Doctrina reiterada en la Sentencia del TJUE, de 26 de septiembre de 2013[26], al considerar

---

dores de circuitos turísticos en el sentido generalmente dado a estos términos daría lugar a que prestaciones idénticas estuviesen comprendidas dentro del ámbito de aplicación de disposiciones diferentes según el estatuto formal del operador económico (sentencia Madgett y Baldwin, antes citada, apartados 20 y 21)" [ECLI:EU:C:2005:608 (*Tol 4625277*)]. Vid. el comentario a este pronunciamiento del TJUE realizado por GARCÍA PRATS, F. A., "Finanzamt Heidelberg e ISt internationale Sprach- und Studienreisen GmbH. Sentencia del Tribunal de Justicia (Sala Segunda) de 13 de octubre de 2005. Asunto: C-200/04", *Revista Técnica Tributaria*, nº 74, 2006, págs. 120-124.

25 En dichas Sentencias del TSJ de Andalucía, Granada, de 20 septiembre de 2022, Recs. nº 1058/2019 y nº 1059/2019, se reconoce probado, fj 6º, que: "Vacaciones a Caballo en Andalucía SL actúa en nombre de los clientes que le facilitan las agencias de viaje francesas u otras porque es la mercantil recurrente la que abona facturas de hoteles que refiere la Administración tributaria tras la inspección de los libros contables, por lo que, en definitiva, se cumplen los requisitos para la aplicación del REAV" [ECLI:ES:TSJAND:2022:13091 (*Tol 9344894*). Y ECLI:ES:TSJAND:2022:13078 (*Tol 9344892*), respectivamente].

26 Sentencia TJUE, de 26 de septiembre de 2013, Comisión contra España, As. C-189/11 [ECLI:EU:C:2013:587 (*Tol 3945432*)]. Así lo había apuntado, ya, el TJUE, en la Sentencia, de 22 de octubre de 1998, asunto C-308/96, Commissioners of Customs and Excise contra T. P. Madgett, R. M. Baldwin y The Howden Court Hotel, Rec. 1998 I-06229, citada anteriormente.

procedente la aplicación del régimen especial del IVA a cualquier operador que preste esos servicios de viaje que cumplan los requisitos establecidos legalmente, aunque no tenga formalmente ese estatuto. Precisamente por ello, las Resoluciones del TEAC nº 00/06594/2016 y nº 00/07153/2016, de 22 de julio de 2020, en atención a dicha doctrina del TJUE, deciden aplicar el régimen previsto para las agencias de viajes en el IVA a supuestos en los que la entidad ofrece a sus clientes, a cambio del pago de un precio global, prestaciones de viaje —tales como alojamiento y/o transporte— adquiridas a otros sujetos pasivos, conjuntamente con alguna o algunas prestaciones de otra naturaleza (en el caso analizado, el alquiler de una sala para la celebración de un evento), siempre que las prestaciones propias del viaje no sean accesorias. Ello supone que las cuotas soportadas por bienes y servicios utilizados para la realización del viaje, y que redunden directamente en beneficio del viajero, no resultarán deducibles[27].

En definitiva, como recalcó la Sentencia de la Audiencia Nacional, de 20 de octubre de 2021: "no se trata tanto de determinar que cuando la normativa menciona las "agencias de viajes" se está refiriendo a las mayoristas y a las minoristas o de que se utilice o no la denominación "agencia de viajes", como de analizar las actividades desarrolladas en cada caso, pues la circunstancia de ser mayorista no impide ni excluye la realización de operaciones de intermediación, ni vale ignorar que, según el artículo 306 de la Directiva 2006/112/CE, están excluidas del régimen especial "las agencias de viajes que actúen únicamente en calidad de intermediario" (apartado 1, segundo párrafo)"[28].

Sobre el concepto y diferentes concepciones de las "agencias de viaje", SERRANO CAÑAS, J. M., y RECIO RAMÍREZ, M. A., "Novedades en el IVA de la actividad de intermediación turística, en especial las agencias de viajes", *International Journal of Scientific Management and Tourism,* 2015, Vol. 1, pág. 221 y ss.

27 Cfr. la Sentencia de la Audiencia Nacional, 5 de febrero de 2003, Rec. nº 290/1999 en la que se refleja que: "en cuanto al caso concreto que no ocupa, cuotas soportadas en el abono de comisiones a agencias minoristas, al no concurrir el requisito del beneficio directo para el viajero, no pueden someterse al régimen especial del artículo 145 de la Ley, al faltar el requisito de que el servicio redunde en beneficio del viajero, puede ser aplicado el régimen general, y especial el contenido en el artículo 94. Uno. 1º d) de la Ley" (ECLI:ES:AN:2003:7441 (*Tol 5358763*)].

28 Sentencia de la Audiencia Nacional, de 30 de octubre de 2021, Rec. nº 626/2020 [ECLI:ES:AN:2021:4326 (*Tol 8631436*)]. Con la misma orientación, la Sentencia de la Audiencia Nacional, de 13 de octubre de 2021, Rec. nº 498/2019, había afirmado, que: "Si todas las agencias de viajes estuvieran comprendidas en el régimen especial de

Por tanto, y teniendo como referente que la aplicación de este régimen especial en el IVA atiende a la realidad en que se desenvuelve cada una de las operaciones o prestaciones de servicios relacionadas o vinculadas con la organización de viajes o circuitos turísticos, y no resulta anudada a la calificación formal de la empresa que presta el servicio, ni siquiera resulta decisivo atender a la condición en la que lo hace, no hubiera estado de más, como sostiene Gómez Aragón[29], que el Legislador español hubiera aprovechado para modificar la denominación de este régimen especial "de" las agencias de viajes, por otra que fuera más acorde con el ámbito objetivo que determina su aplicación, proponiendo su calificación como "régimen especial de los servicios de viaje". Sin duda, una denominación que hubiera clarificado la conformación y aplicación de este régimen especial en el IVA, y que hubiera introducido buenas dosis de seguridad jurídica, en tanto que principio protegido por nuestro art. 9.3 CE.

Veamos, pues, qué empresario o empresa puede ser considerada "agencia de viajes" u "organizadora de circuitos turísticos" a los efectos de aplicación de este régimen especial en el IVA, y qué operaciones pueden resultar sometidas a dicho régimen especial en dicho Impuesto, para estar en condiciones de poder analizar su régimen jurídico y, especialmente, las exigencias establecidas normativamente

---

las agencias de viajes carecería de sentido el art. 306 de la Directiva 2006/112/CE del Consejo, de 28 de noviembre de 2006 cuando dice que: "El presente régimen especial no será aplicable a las agencias de viajes que actúen únicamente en calidad de intermediario" [ECLI ES:AN:2021:4312 (*Tol 8631322*)]. A esta Sentencia de la Audiencia Nacional acude la Sentencia del TSJ de Canarias —Tenerife—, de 2 de diciembre de 2021, Rec. nº 172/2020, para resolver su litigio [ECLI:ES:TSJICAN:2021:4282 (*Tol 9248354*)].

También podemos traer a colación las Sentencias de la Audiencia Nacional, de 9 de abril de 2003, Rec. nº 567/2001 [ECLI: ES:AN:2003:6637 (*Tol 5363960*)], y de 12 de junio de 2013, Rec. nº 463/2008 [ECLI:ES:AN:2013:2494 (*Tol 3775208*)]. En ésta última se afirma: "Queda acreditado que la recurrente actúa en su propio nombre frente a sus clientes —los bonos los emite en su nombre—, y que utiliza bienes y servicios prestados por otros empresarios —alojamiento hotelero—.

No es una mediación la actividad realizada por la recurrente y por ello no pueden tenerse en referencia las Resoluciones de la DT ni la jurisprudencia europea sobre la mediación. Es por tanto de aplicación el régimen especial, pues es la interpretación correcta en el presente caso, con independencia del tratamiento dado a los ejercicios de 1993 y 1994, —por otra parte la redacción del precepto aplicado se dio por Ley 42/1994—".

29 GÓMEZ ARAGÓN, D., "La renuncia a la aplicación del régimen especial de las agencias de viajes en el IVA", *Carta Tributaria*, nº 12, 2016.

para que el sujeto pasivo pueda renunciar a la aplicabilidad de este régimen especial, y, por exclusión, someter esa operación o prestación de servicios al régimen ordinario del IVA.

Como decíamos, el artículo 141 de la Ley 37/1992 no aporta una definición "agencia de viajes", pero tampoco deja la decisión de aplicar ese régimen jurídico del IVA en manos de cada operador, ni lo hace depender de la condición jurídica o la denominación formal que pueda recibir la empresa. La inclusión, o no, en el régimen específico previsto en el IVA para las "agencias de viajes" va a depender de cuál sea la concreta actividad o prestación de servicios que, en cada caso, se lleve a cabo; es decir, de la realización de unas operaciones objetivamente descritas en el art. 141.uno.1º de la Ley[30].

El artículo 141.Uno LIVA no alude, únicamente, a las denominadas "agencias de viajes", sino que también hace referencia a la aplicación este régimen jurídico especial en el IVA a los "organizadores de circuitos" turísticos y cualquier empresario o profesional, siempre que cumpla con los requisitos definidos en el propio precepto:

> *"1.º A las operaciones realizadas por las agencias de viajes cuando actúen en nombre propio respecto de los viajeros y utilicen en la realización del viaje bienes entregados o servicios prestados por otros empresarios o profesionales.*
>
> *A efectos de este régimen especial, se considerarán viajes los servicios de hospedaje o transporte prestados conjuntamente o por separado y, en su caso, con otros de carácter accesorio o complementario de los mismos.*
>
> *2.º A las operaciones realizadas por los organizadores de circuitos turísticos y cualquier empresario o profesional en los que concurran las circunstancias previstas en el número anterior.*
>
> *Dos. El régimen especial de las agencias de viajes no será de aplicación a las operaciones llevadas a cabo utilizando para la realización del viaje exclusivamente medios de transporte o de hostelería propios.*

---

30 El artículo 306 de la Directiva comunitaria 2006/112/CE, desarrollada por nuestra LIVA, dispone: «*1. Los Estados miembros aplicarán un régimen especial del IVA a las operaciones de las agencias de viajes conforme al presente capítulo, en tanto tales agencias actúen en su propio nombre con respecto al viajero y siempre que utilicen para la realización del viaje entregas de bienes y prestaciones de servicios de otros sujetos pasivos.*

El presente régimen especial no será aplicable a las agencias de viajes que actúen únicamente en calidad de intermediario y a las que sea de aplicación la letra c) del párrafo primero del artículo 79 para el cálculo de la base imponible.

2. A efectos del presente capítulo, los organizadores de circuitos turísticos tendrán la consideración de agencias de viajes».

Tratándose de viajes realizados utilizando en parte medios propios y en parte medios ajenos, el régimen especial sólo se aplicará respecto de los servicios prestados mediante medios ajenos".

Veámoslo con detenimiento.

En primer lugar, el precepto establece una condición para la aplicación del régimen especial en el IVA: que la prestación de un servicio tenga que ver con la organización de un "viaje" o un "circuito turístico". Y, además, especifica que, por tales, han de entenderse: "*los servicios de hospedaje o transporte prestados conjuntamente o por separado y, en su caso, con otros de carácter accesorio o complementario de los mismos*".

En todo caso, la Ley exige que, o bien se proporcione alojamiento y se facilite el transporte, o que se preste uno de ambos servicios profesionales[31]. Incluso, además de ellos, también se puede llevar a cabo la prestación de otro servicio accesorio o complementario, que podrá serlo respecto del de alojamiento o bien del de transporte —v.gr. guías locales, acceso a museos, espectáculos, servicios de ocio, restauración, etc.—.

En segundo lugar, el citado artículo 141 LIVA regula dos exigencias subjetivas, que tienen que ver con quién que presta ese servicio de alojamiento y/o transporte, o esos otros accesorios o complementarios a cualquiera de ambos:

i) tiene que actuar en nombre propio respecto del destinatario del servicio.

Aunque es denominado "*viajero*" —por la Ley—, en dicho concepto ha de entenderse incluido a cualquier tipo de "cliente" —sea propiamente quien va a viajar, o no—, según matizó la citada Sentencia del TJUE, de 26 de septiembre de 2013[32]. No haciéndose, pues, ningún tipo de distinción respecto a la finalidad del viaje;

---

31 Como se desprende de la normativa comunitaria e interna, y de la Sentencia del TJUE de 12 de noviembre de 1992, Asunto C-163/1991, Van Ginkel Waddinxveen BV, Reis- en Passagebureau Van Ginkel BV y otros contra Inspecteur der Omzetbelasting Utrecht, no cabe una interpretación rígida que exija, para aplicar este régimen fiscal, que los servicios prestados incluyan transporte y alojamiento, bastando que se preste uno solo de estos servicios (ECLI:EU:C:1992:435).

32 En esta Sentencia del TJUE, ya citada, se deja constancia de la discusión lingüística que aparecía en el fondo de la discusión, afirmándose que: "47. Para examinar el primer motivo, debe determinarse si, al autorizar a las agencias de viajes a aplicar el régimen especial de que se trata a las operaciones que realizan no sólo con los «viajeros», sino

también con cualquier tipo de «clientes», el Reino de España ha efectuado una transposición correcta de los artículos 306 a 310 de la Directiva IVA.

48. Las versiones en lengua española de dichos artículos 306 a 310, por una parte, y del artículo 26, apartados 1 a 4, de la Sexta Directiva, por otra parte, emplean el término «viajero» de manera sistemática. En cambio, las otras versiones lingüísticas de cada una de esas dos Directivas utilizan los términos «viajero» y/o «cliente», a veces variando el empleo de éstos entre un precepto y otro.

49. Pese a estas divergencias, bastante importantes, la Comisión sostiene que es posible hacer una interpretación literal, basada en cinco de las seis versiones lingüísticas iniciales de la Sexta Directiva que emplean el término «viajero» de manera sistemática, pues la elección del término «cliente» en la versión en lengua inglesa de dicha Directiva es un error.

50. El hecho de que sólo la versión en lengua inglesa utilizara el término «cliente» —además, en una sola ocasión— podría hacer presumir que se trataba de un error. Las explicaciones proporcionadas por la Comisión en la vista, según las cuales el documento de trabajo del que procede la Sexta Directiva estaba redactado en francés, también pueden corroborar la tesis de que se produjo un error al traducir dicha Directiva a la lengua inglesa.

51. No obstante, varias apreciaciones llevan a cuestionar el análisis de la Comisión.

52. En primer lugar, es preciso señalar que, si se trataba de un error, éste no fue corregido en la versión en lengua inglesa de la Sexta Directiva.

53. Asimismo, en vez de aparecer una sola vez y estar confinado a una versión lingüística concreta, el término «cliente» se utilizó en muchas otras versiones lingüísticas de la Sexta Directiva y no sólo en su artículo 26, apartado 1.

54. Además, si bien este supuesto error podría haberse corregido al menos al adoptarse la Directiva IVA, no ocurrió así, ya que el término «cliente» consta igualmente en muchas versiones lingüísticas de los artículos 306 a 310 de esa Directiva, y a veces de forma no sistemática.

55. Finalmente, la propuesta de Directiva mencionada en el apartado 42 de esta sentencia, que tenía por objeto sustituir la normativa existente por un texto que adoptara, en esencia, el criterio basado en el cliente, empleaba el término «viajero» en la versión francesa del artículo 26, apartado 1, de dicha Directiva, mientras que empleaba el término «cliente» en la versión inglesa de este mismo precepto.

56. De ello se desprende que, contrariamente a lo afirmado por la Comisión, no puede prevalecer una interpretación puramente literal del régimen especial de las agencias de viajes basada en el texto de una o varias versiones lingüísticas, prescindiendo de las demás. Según reiterada jurisprudencia, las disposiciones del Derecho de la Unión deben ser interpretadas y aplicadas de modo uniforme a la luz de las versiones de todas las lenguas de la Unión. En caso de divergencia entre las distintas versiones lingüísticas de una disposición de la Unión, la norma de que se trate debe interpretarse en función de la es-

ii) ha de utilizar servicios prestados por otros profesionales[33]; esto es, tiene que hacer uso de bienes entregados o de servicios prestados por otros empresarios o profesionales.

Al respecto, la Sentencia del TJUE, de 29 de junio de 2023, establece que: "El artículo 306 de la Directiva 2006/112/CE del Consejo, de 28 de noviembre de 2006, relativa al sistema común del IVA, debe interpretarse en el sentido de que la prestación de un sujeto pasivo consistente en adquirir servicios de alojamiento de otros sujetos pasivos y revenderlos a otros operadores económicos está comprendida en el régimen especial del IVA aplicable a las agencias de viajes, aunque esos servicios no vayan acompañados de servicios adicionales"

Por tanto, nos hallamos en la tesitura de que se produce la prestación del servicio a un tercero —propiamente, la venta— de un servicio de hospedaje y/o transporte (junto con otros, siempre que sean accesorios o complementarios de aquellos), efectuado en nombre propio, por una agencia, pero que, a su vez, ha sido adquirido por dicha agencia a otro empresario o profesional —es lo que suele denominarse *business to business*, o las relaciones mercantiles producidas entre una agencia mayorista y otra minorista, que ya es la que lleva a cabo las operaciones de mediación con el consumidor final—. De hecho, la citada Sentencia del TJUE, de 26 de septiembre de 2013, Asunto C-189/2011, Comisión contra España, admitió la posibilidad de aplicar el régimen especial "en cadena", en relación con todas las agencias de viajes que participen en la prestación del servicio, no solo las agencias minoristas, sino también cualquier intermediaria que actúe en nombre propio ante su cliente.

En este sentido, el art. 141 LIVA exige que, para la realización del viaje o del circuito turístico, no se utilicen, exclusivamente, medios de transporte o de hostelería propios, sino que se contrate su prestación con un tercero. Hasta tal punto es así que si, en esa concreta operación o prestación de servicios implicada, se uti-

---

tructura general y de la finalidad de la normativa en que se integra (sentencia de 8 de diciembre de 2005, Jyske Finans, C-280/04, Rec. p. I-10683, apartado 31) (*Tol 4625241*). 57. En el caso de autos, los otros preceptos que acompañan a los que utilizan el término «cliente», tal como se emplea en la versión en lengua inglesa de la Sexta Directiva, varían según las versiones lingüísticas de las dos Directivas de que se trata, por lo que no puede extraerse conclusión alguna respecto a la interpretación del régimen especial de las agencias de viajes basándose en el sistema de dichos preceptos.".

33 Sentencia del TJUE, de 29 de junio de 2023, Dyrektor Krajowej Informacji Skarbowej contra C. Sp. z o.o., As. C-108/22 (ECLI:EU:C:2023:522).

lizaran tanto medios propios como ajenos, únicamente resultaría de aplicación el régimen especial en el IVA a los servicios prestados mediante medios ajenos[34]. Por tanto, la aplicación del régimen especial dependerá del cumplimiento de ambas condiciones, independientemente de la dimensión de la agencia de viajes o si tiene, o no, la consideración de tour-operador. Si actúa frente al viajero en nombre propio, y, para prestar ese servicio, utiliza bienes o servicios ajenos, podrá aplicar el régimen especial[35].

En consecuencia, el régimen especial previsto para las agencias de viaje en el IVA no resultará de aplicación cuando:

i) la agencia de viajes actúe como comisionista en nombre ajeno

ii) cuando, para prestar los servicios de alojamiento y/o transporte, u otros accesorios o complementarios a cualquiera de ambos, se utilicen únicamente medios de transporte y/o de hostelería propios, y no hayan sido adquiridos por esa agencia a otros empresarios o profesionales.

Por eso, la Sentencia del TSJ de la Comunidad Valenciana, de 12 de octubre de 2020, considera inaplicable este régimen especial en el IVA cuando se afrontan "directamente la totalidad de los servicios, sin participación de otros operadores, como se acredita mediante la aportación de facturas donde no consta intervención de agencia mayorista, y la deducción de las cuotas soportadas correspondientes al alquiler de los apartamentos turísticos a sus propietarios, por los suministros de electricidad, limpieza y lavandería afrontados debe ser admitida"[36].

---

34 Como advierte SÁNCHEZ HUETE, M. A., "Los medios propios y los medios ajenos en el régimen especial de agencias de viaje. El caso minerva", *Noticias de la UE*, nº 331, 2012, y en "Régimen especial de agencias de viaje. Unidad de prestación, diversidad de tipos", *Revista Quincena Fiscal*, nº 9, 2013, BIB 2013\920, "existe el riesgo de confundir los requisitos de aplicación del régimen especial con el tratamiento tributario, que escinde dicha unidad y trata a los medios empleados como prestaciones diversas. Los medios ajenos empleados son relevantes en la medida que determinan su inserción en la prestación propia de la agencia de viaje. Y esta conjunción es el criterio que permite aplicar el régimen, pero ello no comporta que se trate a la prestación de viaje de la agencia de manera unitaria".

35 Cfr. Sentencia del Tribunal Supremo, de 16 de febrero de 2016, Rec. nº 1000/2014 (ECLI:ES:TS:2016:496).

36 En esta Sentencia TSJ Comunidad Valenciana, de 12 de octubre de 2020, Rec. nº 149/2019, se mantiene que: "Del examen de la documental aportada se evidencia que

A.2. LA INTRODUCCIÓN DE LA PREVISIÓN LEGAL SOBRE LA RENUNCIA AL RÉGIMEN ESPECIAL

El art. 120.Dos de la LIVA establece que "*Los regímenes especiales regulados en este Título tendrán carácter voluntario, a excepción de los comprendidos en los números 4.º, 5.º y 6.º del apartado anterior, sin perjuicio de lo establecido en el artículo 140 ter de esta Ley*". Regulándose la renuncia al régimen especial, específicamente, en el Capítulo XI del Título IX de la Ley 37/1992, del IVA; y, más concretamente, en el art. 147 de dicha Ley.

La regulación de este Capítulo XI de la LIVA sufrió una modificación importante[37], con la aprobación del artículo 1.31 de la Ley 28/2014, de 27 de noviembre[38] —que entró en vigor el 1 de enero de 2015—. La intención que guiaba

---

la aplicación a la demandante del régimen previsto en el art. 141 LIVA no es viable, por cuanto, de su actividad acreditada, no se acredita que actúe como intermediario con agencias mayoristas, debiendo estarse con la argumentación de la demandante en el sentido de que, "de haber existido habría contravenido uno de los requisitos —no pudiendo ofrecer ni comercializar sus productos a través de otros servicios—, condicionante que en nuestro caso no se cumple, dado que el 100% de los servicios facturados han sido vendidos directamente al cliente final." Este argumento resulta de una contundencia incuestionable, ya que en caso contrario las operaciones llevadas a cabo por la agencia lo serian en nombre propio respecto a los viajeros, pero, utilizando bienes o servicios entregados o prestados por otros operadores" [ECLI:ES:TSJCV:2020:6714 (*Tol 8220808*)].

[37] De hecho, en la Sentencia de la Audiencia Nacional, de 20 de febrero de 2014, Rec. nº 580/2011, se analiza una situación anterior a esta reforma normativa, reflejándose que "TERCERO: Ambas partes, que citan la misma legislación, en esencia el artículo 26 de la Directiva 77/388/CEE del Consejo de 17 de mayo, y los artículos 141 a 147 de la Ley 37/1992, y la misma jurisprudencia, sustancialmente la STJUE de 22 de octubre de 1998 asunto C-308/96, muestran su acuerdo sobre el hecho de que la sujeción al régimen especial de las agencias de viaje es irrenunciable y está en función de un elemento fáctico como es la circunstancia de prestar los servicios en régimen de agente o por cuenta propia. También admiten de consuno, que sólo en el primer caso no se considerará la actividad como sujeta a este régimen y en consecuencia será procedente la devolución del IVA soportado" [ECLI:ES:AN:2014:545 (*Tol 4117405*)]. Pronunciamiento de la Audiencia Nacional que fue confirmado por el Tribunal Supremo, en Sentencia de 16 de febrero de 2016, Rec. nº 1000/2014 [ECLI: ES:TS:2016:496 (*Tol 5650790*)].

[38] Ley 28/2014, de 27 de noviembre, por la que se modifican la Ley 37/1992, de 28 de diciembre, del IVA, la Ley 20/1991, de 7 de junio, de modificación de los aspectos fisca-

ese cambio normativo era clara: acompasar las previsiones de la Ley 37/1992, que regulaba el IVA, a los pronunciamientos de la citada Sentencia del TJUE, de 26 de septiembre de 2013, que, precisamente, había condenado parcialmente a España por entender que determinados preceptos de dicha regulación legal no se ajustaban a la Directiva comunitaria 2006/112/CE, del Consejo.

La citada Sentencia del TJUE, de 26 de septiembre de 2013[39], aceptó la postura de España en el sentido de que el régimen especial debía aplicarse independientemente de la condición del destinatario (cliente), fuera viajero, o no. Pero declaró que algunas previsiones de dicho régimen fiscal especial español no se ajustaban a lo dispuesto en los artículos 168, 226, 306, 307, 308, 309 y 310 de la Sexta Directiva 2006/112/CE, del Consejo. Al efecto, declaró improcedente: i) que el régimen jurídico español excluyera de su aplicación las ventas al público, por agencias minoristas que actúan en su propio nombre, de viajes organizados por las agencias mayoristas; ii) la imposibilidad de deducirse el 6% del precio de las operaciones efectuadas para otros empresarios o profesionales por las agencias de viajes, pues se autorizaba, en determinadas circunstancias, a que se consignara en la factura una cuota global no relacionada con el IVA repercutido al cliente —para no desvelar el importe de la comisión cobrada por la agencia—, aunque éste podía deducirse esa cuota global del IVA; iii) determinar la base imponible del IVA de forma global para cada período impositivo.

Precisamente, esta decisión del TJUE que considera incompatible con el Derecho de la UE el sistema de repercusión/deducción de un importe calculado a tanto alzado, previsto en el artículo 142 de la LIVA, fue la 'excusa' que aprovechó el Legislador español para introducir la posibilidad de renunciar a la aplicación del REAV, con efectos 1/1/2015, dirigida, sobre todo, al sector del "business travel".

---

les del Régimen Económico Fiscal de Canarias, la Ley 38/1992, de 28 de diciembre, de Impuestos Especiales, y la Ley 16/2013, de 29 de octubre, por la que se establecen determinadas medidas en materia de fiscalidad medioambiental y se adoptan otras medidas tributarias y financieras (BOE nº 288, de 28 de noviembre de 2014).

39 Dicha Sentencia resolvió también los asuntos C-193/11, C-236/11, C-269/11, C-293/11, C-296/11, C-309/11 y C-450/11, por las demandas interpuestas por la Comisión por el mismo motivo contra otros siete Estados miembros.

En efecto, la modificación normativa no se limitó a ajustarse a las exigencias derivadas de la jurisprudencia comunitaria, sino que el Legislador español aprovechó la ocasión para introducir una novedad de suma relevancia[40]: la posibilidad de que esas "agencias de viajes u organizadores de circuitos turísticos" pudieran renunciar a la aplicación del régimen especial del IVA en aquellas operaciones que pudieran resultar sujetas a él, obviamente —es lógico pensarlo—.

La excusa era clara: aunque no era una exigencia derivada directamente del citado pronunciamiento del TJUE, de 26 de septiembre de 2013, era una posibilidad que ya se venía mascando en instancias comunitarias —aunque nunca había llegado a aprobarse—, y que, es más, ya se recogía en las correspondientes normativas reguladoras del IVA de otros países de nuestro entorno jurídico[41]. Esta es la razón que se hace valer en la Exposición de Motivos de la citada Ley 28/2014, permitiéndose:

> "la posibilidad, a ejercitar operación por operación, de aplicar el régimen general del Impuesto, siempre y cuando el destinatario de las operaciones sea un empresario o profesional que tenga, en alguna medida, derecho bien a la deducción, bien a la devolución de las cuotas soportadas del Impuesto; a tal efecto se ha tenido en cuenta la regulación del régimen especial que se contiene en otros Estados miembros, en concreto, en los casos en que el destinatario del régimen es un empresario o profesional".

---

40 En 2002, la Comisión Europea había elaborado una propuesta —COM (2002) 64 final, publicada en el Diario Oficial C-126, de 28 de mayo—, para modificar el régimen especial, y, entre los varios cambios normativos que se proponían, uno de ellos era el de permitir que se pudiera otra por aplicar el régimen general del IVA a determinadas operaciones, para permitir la deducción del IVA soportado. Propuesta que, sin embargo, nunca fue aprobada. Vid. GARCÍA CALVENTE, Y., "La modificación del régimen especial de las agencias de viaje", *Revista Jurisprudencia Tributaria Aranzadi*, nº 12/2004 (BIB 2004\1594), así como la referencia que realiza CUBILES SÁNCHEZ-POBRE, P., "Tributación de las agencias de viajes: fiscalidad directa e indirecta. Situación actual y propuestas de futuro", *Tourism & Management studies*, nº 8, 2012, pág. 112, y la alusión a un Dictamen sobre la Propuesta de la Comisión, elaborado por el Comité Económico y Social (Diario Oficial C-241, de 7 de octubre de 2002).

41 Así lo pusieron de relieve MARTÍNEZ-CARRASCO PIGNATELLI, J. M., "La Ley 28/2014 y la reforma de la fiscalidad indirecta", *Gaceta Fiscal*, nº 359, 2016, pág. 8 y GÓMEZ ARAGÓN, D., "La renuncia a la aplicación del régimen especial...", *op. cit.*

Esta novedad, introducida en 2014, y aplicable desde el 1 de enero de 2015, por mor de esa reforma de la Ley del IVA, ha desplegado importantes consecuencias prácticas.

Con anterioridad a dicha modificación normativa, esas "agencias de viajes u organizadores de circuitos turísticos" tenían que aplicar inexcusablemente las previsiones del régimen fiscal especial y específico previsto por la LIVA a todos aquellos servicios prestados que debían acogerse a él, siendo un régimen obligatorio e irrenunciable[42]. De ello sigue dando idea el tenor literal de nuestro artículo 120.Dos de la LIVA, que, a la sazón, no fue modificado por la Ley 18/2014, pues sigue estableciendo que "*Los regímenes especiales regulados en este Título tendrán carácter voluntario, a excepción de los comprendidos en los números 4.º, 5.º y 6.º del apartado anterior, sin perjuicio de lo establecido en el artículo 140 ter de esta Ley*".

El cambio sustancial introducido en el artículo 147 de la Ley del IVA, en 2014, persiguió prever la posibilidad de que esas "agencias de viajes" pudieran optar por no aplicar las previsiones normativas del régimen especial a unas concretas operaciones —resultando sujetas, pues, al régimen general de tributación en el IVA—, en los casos establecidos en dicha norma. Y, para ello, debían renunciar a la aplicación de dicho régimen "en la forma determinada reglamentariamente". El objetivo que se buscó fue que las agencias de viajes pudieran competir con los proveedores directos de los servicios, esencialmente transporte y alojamiento, en condiciones análogas a las que tienen cuando operan con destinatarios que son empresarios o profesionales.

No obstante, esa referencia de la Ley del IVA a la posibilidad de renunciar a la aplicación del régimen especial en el caso de determinadas operaciones debe completarse a lo previsto en el artículo 51 del RIVA, en la redacción dada a este último el art. 1.13 del Real Decreto 1073/2014, de 19 de diciembre[43].

---

42 Así se deducía del art. 26 de la citada Sexta Directiva. Tal situación era criticada por LAGUARTA LAGUARTA, A., "Regímenes especiales", *el IVA en el sistema tributario*. MEH. Madrid, 1986, vol. I, pág. 703, pues, aunque suponía una uniformidad fiscal en todo el territorio de aplicación del Impuesto, resultaba un régimen tributario poco operativo para agencias de viaje de escaso volumen de operaciones, si, además, la mayoría de las operaciones que llevaban a cabo eran operaciones interiores.

43 BOE núm. 307, de 20 de diciembre de 2014. También se modifica el Real Decreto 1041/1990, de 27 de julio, por el que se regulan las declaraciones censales que han de presentar a efectos fiscales los empresarios, los profesionales y otros obligados

En el Título VIII del citado Reglamento del IVA, se establecen diversas previsiones sobre regímenes especiales —art. 33, en relación con la opción y renuncia a la aplicación de dichos regímenes especiales[44]—, y, concretamente, en su Capítulo V, relativo al "Régimen especial de las Agencias de Viajes" (en adelante, REAV), el artículo 52 del RIVA se dedica a regular los requisitos formales que deben cumplir dichas "agencias de viajes" para optar por la aplicación del régimen general del Impuesto en una concreta operación —esto es, para renunciar a la aplicación del régimen especial del IVA, en esa operación—.

No se puede olvidar, como señala Longas Lafuente[45], que el ejercicio de la opción por renunciar al régimen especial del IVA, en una concreta operación, implica la sujeción al régimen general de dicho Impuesto, y ello despliega varias consecuencias: 1) cada prestación de servicios tributará de manera independiente, de acuerdo con las reglas que resulten aplicables (exenciones, devengo, lugar de realización, base imponible, tipo de gravamen y sujeto pasivo); 2) el destina-

---

tributarios; el Real Decreto 338/1990, de 9 de marzo, por el que se regula la composición y la forma de utilización del número de identificación fiscal; el Real Decreto 2402/1985, de 18 de diciembre, por el que se regula el deber de expedir y entregar factura que incumbe a los empresarios y profesionales, así como el Real Decreto 1326/1987, de 11 de septiembre, por el que se establece el procedimiento de aplicación de las Directivas de la Comunidad Económica Europea sobre intercambio de información tributaria.

44 Dicho precepto reglamentario no alude, expresamente, al REAV, a diferencia de la mención que realiza a los regímenes especiales simplificado y de la agricultura, ganadería y pesca, así como al régimen especial de los bienes usados, objetos de arte, antigüedades y objetos de colección. No obstante, en su apartado tercero establece que: "*3. Las opciones y renuncias previstas en el presente artículo, así como su revocación, se efectuarán de conformidad con lo dispuesto en el Reglamento General de las actuaciones y procedimientos de gestión e inspección tributaria y de desarrollo de las normas comunes de los procedimientos de aplicación de los tributos, aprobado por el Real Decreto 1065/2007, de 27 de julio*". Se trata de aplicar las previsiones del artículo 9 (Declaración de alta en el Censo de Empresarios, Profesionales y Retenedores); artículo 10 (Declaración de modificación en el Censo de Empresarios, Profesionales y Retenedores) y artículo 11 (Declaración de baja en el Censo de Empresarios, Profesionales y Retenedores) de dicho Reglamento. Sin embargo, en ellos no se hace referencia alguna al régimen especial de las "agencias de viajes".

45 LONGAS LAFUENTE, A., *Impuesto sobre el Valor Añadido (2), op. cit.*, pág. 1901, donde también se deja constancia de las incidencias que deberá concretar la agencia de viajes para determinar la tributación de las operaciones en caso de optar por aplicar el régimen general.

tario podrá deducir la cuota del IVA soportada en el TAI, siendo más compleja la de aquellas cuotas de IVA afectas directamente al viaje excluido del régimen especial en territorios de otros Estados miembros de la UE, aunque la norma nada dice sobre si resulta posible el ejercicio de la opción por agencias de viajes establecidas fuera del territorio de aplicación del impuesto.

B. BREVE REFERENCIA A LA JUSTIFICACIÓN DEL RÉGIMEN FISCAL "ESPECIAL" Y "EXCEPCIONAL" DEL IVA A LAS "AGENCIAS DE VIAJES". EL PRINCIPIO DE NEUTRALIDAD

Con carácter previo al análisis de la normativa legal y reglamentaria que establece la posibilidad de renunciar a la aplicación, a una concreta operación, del régimen especial del IVA, resulta necesario destacar que esa operación de organización de un viaje o de un circuito turístico debe suponer la realización del hecho imponible del citado tributo —art. 4 Ley del IVA—, para lo que será necesario que un empresario, un profesional o una sociedad mercantil[46], en el desarrollo de su actividad empresarial o profesional, efectúe prestaciones de este tipo de servicios[47], en el territorio de aplicación del Impuesto[48], con carácter oneroso. Resulta indiferente que esas prestaciones de servicios se lleven a cabo de manera habitual o sean realizadas ocasionalmente.

46 Cfr. artículo 5 de la Ley del IVA, en el que se establece el "concepto de empresario o profesional".

47 Según el artículo 11.Uno de la citada Ley del IVA: "*A los efectos del Impuesto sobre el Valor Añadido, se entenderá por prestación de servicios toda operación sujeta al citado tributo que, de acuerdo con esta Ley, no tenga la consideración de entrega, adquisición intracomunitaria o importación de bienes*".

48 Los artículos 69 y 70 de la Ley del IVA establecen las reglas generales y especiales para determinar el lugar de realización de las prestaciones de servicios. Vid. PUEYO MASÓ, J. A., "La tributación por IVA de las agencias de viaje que actúan por medio de agencias o representaciones en el extranjero autorizadas para contratar en nombre y por cuenta de las mismas", *Carta tributaria*, nº 22, 2001, págs. 1-14.

En este sentido, resultarán operaciones sujetas al IVA cuando esas "agencias de viaje" u organizadores de circuitos turísticos —insistimos, tengan formalmente esa condición o estatuto jurídico, o no— presten servicios de alojamiento y/o transporte —conjunta o separadamente[49]—, y, en su caso, también otros servicios adicionales —accesorios o complementarios a los mismos—, actuando en nombre propio, facturando dichos servicios directamente al "viajero" —que, como hemos apuntado, no tiene por qué ser el destinatario final o quien disfrute del viaje—, haciendo uso de bienes entregados o servicios prestados por otros empresarios o profesionales —esto es, con medios ajenos—.

Como recalcaron, por ejemplo, las Resoluciones del TEAC de 16 de marzo de 2017 y de 2 de noviembre de 2010, este régimen especial del IVA no resulta aplicable a aquellas agencias que exclusivamente se limitan a ofrecer viajes organizados por otros, actuando como meros comisionistas, en nombre y por cuenta ajena —que es lo que suele suceder, actualmente, con la contratación de viajes en portales de internet, en los que la empresa se limita a comercializar vuelos u alojamiento, cobrando por ello una comisión—[50]. Tampoco puede aplicarse este régimen especial cuando el prestador del servicio ("agencia de viajes"), para

---

49 Sentencia del TJUE, de 12 de noviembre de 1992, C-163/91, As. Van Ginkel (ECLI:EU:C:1992:435). Si no hay prestación de alojamiento o transporte, sino únicamente la venta de entradas para una función de ópera, la Sentencia TJUE de 9 de diciembre de 2010, As. C-31/10, Minerva Kulturreisen GmbH contra Finanzamt Freital, rechaza la posibilidad de aplicar este régimen especial (ECLI:EU:C:2010:762).

50 Resoluciones del TEAC de 16 de marzo de 2017, RG 00/02363/2013, y de 2 de noviembre de 2010, RG 00/07578/2008. También puede citarse la Resolución del TEAC, nº 6906/2013, de 20 de febrero de 2019, en la que se considera aplicable el régimen especial de las agencias de viajes a las agencias mayoristas que adquieren bienes y servicios a otros empresarios o profesionales con los que confeccionan viajes, que transmiten en nombre propio a agencias minoristas para que éstas, a su vez, los transmitan a viajeros, tal y como resulta de la sentencia del TJUE, de 26 de septiembre de 2013, asunto C-189/11. De acuerdo con el segundo párrafo del artículo 146 Ley del IVA, en dicho régimen especial no son deducibles las cuotas soportadas por los bienes y servicios adquiridos en beneficio del viajero, esto es, los que conforman el viaje que finalmente se acabará proporcionando al viajero. En consecuencia, una agencia de viajes mayorista no establecida en el territorio de aplicación del IVA no tiene derecho a la devolución de las cuotas soportadas en el referido territorio. Se reitera con ello el criterio ya sentando por el propio TEAC, en Resoluciones, entre otras, de 17 de febrero de 2017, Rec. nº 3387/2014 o la de 22 de septiembre de 2015, Rec. acumuladas 2363/2013 y 151/2014.

realizar el viaje, utilice medios propios, pues resulta una obligación inexcusable la utilización de servicios suministrados por otros empresarios o profesionales[51].

A nadie escapa que la prestación de servicios relacionados con los viajes presenta una diversidad y complejidad notable —independientemente de la finalidad del viaje[52]—, y que, a mayor abundamiento, puede llevarse a cabo efectivamente en diversos lugares ubicados en diversos Estados, que, a su vez, pueden resultar ser un territorio donde sí que se aplica el IVA, o no[53].

---

51 Vid. Sentencia del TJUE de 13 de marzo de 2014, Jetair NV, BTW-eenheid BTWE Travel4you/FOD Financiën, As. C-599/12 (DOUE 5.5.2014, C 135/10) y el análisis que efectúa DE MIGUEL CANUTO, E., "Actuaciones de intermediación "transparente" ante el Impuesto sobre el Valor Añadido", *Revista Quincena Fiscal* nº 4, 2023, BIB 2023\282, y en "Principio de igualdad de trato en materia de Impuesto sobre el Valor Añadido", *Revista Quincena Fiscal*, nº 14, 2019, BIB 2019\6427, en los que pone de manifiesto que un Estado no vulnera el Derecho de la Unión —en particular, los principios de igualdad, de proporcionalidad y de neutralidad fiscal—, al conceder un trato distinto a dichas agencias de viajes de la que otorga a los intermediarios, estableciéndose una norma interna por la que solo se gravan las prestaciones de dichas agencias de viajes, y no las de los intermediarios, cuando se refieren a viajes efectuados fuera de la Unión. Vid. SANZ DIAZ-PALACIOS, J. A., "Impuesto sobre el valor añadido y agencias de viajes: Comentario a la STJ de 16 de enero de 2014 (Ibero Tours)", *La Ley Unión europea*, nº 13 /2014.

52 De hecho, en este sector económico, la idiosincrasia de las prestaciones de servicios es compleja, pues no sólo hay que pensar en empresas que se limitan a prestar servicios de transporte o de alojamiento, sino también un buen número de actividades accesorias o complementarias; así sucede, por ejemplo, con el alojamiento y los gastos asociados a él, como limpieza o energía, entradas para museos o espectáculos, mediación en alquiler de medios de transporte, promoción o publicidad, guías turísticos o excursiones. Y, lógicamente, en muchos casos, dichas prestaciones de servicios no resultan ubicadas, única y exclusivamente, en el territorio de un concreto Estado, sino que se llevan a cabo también en varios Estados —resultando sometidas a diversas regulaciones del Impuesto—, incluso en territorios en los que no se aplica este Impuesto comunitario. Ello puede comportar que, en ocasiones, estas empresas soporten un IVA en países distintos a aquel desde el que prestan el servicio y que, sin embargo, no van a poder deducir.

53 Vid., en este sentido, HERRERA MOLINA, P. M., "El lugar de realización de las prestaciones de servicios en el régimen especial de las agencias de viajes (Comentario a la STJCE de 20 de febrero de 1997, Asunto C-260/95, "DFDS")", *Revista Impuestos*, nº 1/1998. Vid., asimismo, SÁNCHEZ GALLARDO, F. J., "El régimen especial de las agencias de viaje. Algunos comentarios a la jurisprudencia del TJCE", *Carta Tributaria monografías*, nº 3, 2006, quien refleja que la aplicación práctica de este régimen especial es ciertamente compleja, aunque paradójicamente pretende simplificar la aplicación del

Precisamente por eso, la regulación de un régimen especial del IVA aplicable a las "agencias de viajes" persigue la simplificación, dada la peculiaridad en la que se desenvuelven las actividades que se llevan a cabo en este sector económico, con prestaciones complejas y heterogéneas, en diferentes localizaciones territoriales —en muchas ocasiones, en contextos internacionales—. El artículo 144 de la Ley del IVA, al regular el lugar de realización del hecho imponible en este régimen especial, establece:

> *"Las operaciones efectuadas por las agencias respecto de cada viajero para la realización de un viaje tendrán la consideración de prestación de servicios única, aunque se le proporcionen varias entregas o servicios en el marco del citado viaje.*
>
> *Dicha prestación se entenderá realizada en el lugar donde la agencia tenga establecida la sede de su actividad económica o posea un establecimiento permanente desde donde efectúe la operación".*

Por ejemplo, la Sentencia de la Audiencia Nacional, de 11 de marzo de 2021[54], para determinar cuál ha sido el lugar de realización del hecho imponible

---

IVA a este tipo de operadores, en el bien entendido sentido de que las complicaciones a la hora de liquidar el Impuesto afectan exclusivamente al cálculo de las magnitudes relevantes a efectos de la liquidación del mismo, no al número de liquidaciones a presentar por los operadores, ni al número de Administraciones fiscales con las que han de entenderse.

54 Sentencia de la Audiencia Nacional, de 11 de marzo de 2021, Rec. nº 351/2016 [ES:AN:2021:979 (*Tol 8376882*)]. De hecho, en la citada Sentencia se afirma que: "la actividad económica de la recurrente se desarrolla con los medios personales y materiales ubicados en la sede donde está la dirección del grupo, entendiendo por sede aquel lugar donde se adoptan las decisiones esenciales y se desarrollan las funciones esenciales relativas a la dirección general de dicha sociedad, así como las funciones de la administración central de esta. Este concepto se ha desarrollado por el TJUE en varias sentencias, como la de 28 de junio de 2007 (AC C73-06), 17 de julio de 1997 (C 190-1995) y 20 de febrero de 1997 (C 260-1995) señalando que para la determinación del lugar donde radique la sede se puede tener en cuenta el domicilio social, el lugar de la administración central, el lugar de reunión de los directivos de la sociedad y aquel donde se decide la política general de la sociedad, domicilio de los directivos principales, el lugar de reunión de las Juntas de accionistas, el de llevanza de los documentos administrativos y contables y el del principal desenvolvimiento de las actividades financieras, en especial las bancarias.
Idéntico concepto de sede económica se recoge en el artículo 10 del Reglamento de Ejecución nº 282/2011 del Consejo de 15 de marzo de 2011 por el que se establecen disposiciones de aplicación de la Directiva 2006/112/CE relativas al sistema común del IVA".

del IVA que implica la determinación de la localización o lugar de prestación de servicios propios de la actividad de agencia de viajes mayorista, y concluir si se prestaban desde Canarias o desde territorio peninsular, analiza el distinto material probatorio para poder deducir el lugar desde el cuál ha llevado a cabo la dirección y gestión de la actividad. Y, otorgando valor a la prueba documental aportada por la AEAT, concluye que dichas actividades no se habían realizado desde Canarias —lugar de ubicación de la sede social de la mercantil—, sino que la dirección efectiva en la elaboración del producto "viajes combinados" se había llevado a cabo a través de los medios personales y materiales que el grupo de empresas tenía en el territorio de aplicación del IVA, siendo, por tanto, éste el lugar de realización de la prestación de esos servicios. Según la Sentencia, siendo cierto que las pruebas aportadas confirman que, en Canarias, realiza actividades turísticas sujetas a controles administrativos, sin embargo, no acreditan que esa actividad sea la de una agencia de viajes mayorista.

Asimismo, tampoco puede perderse de vista la necesaria observancia del principio de neutralidad, columna vertebral del IVA, en la medida en que persigue eliminar la carga fiscal que este Impuesto representa para su sujeto pasivo; es decir, liberar al empresario del peso del IVA soportado en el ejercicio de su actividad económica. Y ello, estableciéndose el derecho a la deducción de las cuotas de IVA soportadas —arts. 92 y ss. LIVA—, como mecanismo que garantiza esa neutralidad, pues permite al empresario recuperar el IVA satisfecho de forma que el Impuesto incida exclusivamente en el consumidor final. Así lo ha recalcado la Sentencia del TJUE, de 9 de diciembre de 2021[55], precisando: "Según reiterada Jurisprudencia del Tribunal de Justicia, el derecho de los sujetos pasivos a deducir del Impuesto sobre el Valor Añadido del que son deudores del Impuesto sobre el Valor Añadido devengado o pagado por ellos por los bienes adquiridos y los servicios recibidos constituye un principio fundamental del sistema común del Impuesto sobre el Valor Añadido. Como el Tribunal de Justicia ha declarado en numerosas ocasiones, el derecho a la deducción previsto en los artículos 167 y siguientes de la Directiva 2006/112 forma parte del mecanismo del Impuesto sobre el Valor Añadido en principio, no puede limitarse, siempre que los sujetos

---

Otro litigio sobre la fijación del lugar de la prestación del servicio en el régimen especial del IVA de las agencias de viaje dio lugar a la Sentencia de la Audiencia Nacional, de 4 de febrero de 2008, Rec. nº 373/2006 [ECLI:ES:AN:2008:868 (*Tol 5389355*)].

55 Sentencia TJUE, de 9 de diciembre de 2021, Kemwater ProChemie s. r. o. contra Odvolací finanční ředitelství, As. C-154/20 [ECLI:EU:C:2021:989 (*Tol 8667294*)].

pasivos que deseen ejercitarlo cumplan las exigencias o requisitos tanto materiales como formales a los que está supeditado (Sentencia de 11 de noviembre de 2021, Ferimet, C-281/20, apartado 31 y Jurisprudencia citada[56])".

Traemos a colación tan importantes pronunciamientos jurisprudenciales porque, como es fácilmente imaginable, la decisión de renunciar, o no, a la aplicación del régimen especial del IVA en una concreta operación de este tipo no es baladí, desde el punto de vista de la sujeción/deducción al citado Impuesto.

Si las descritas prestaciones de servicios llevadas a cabo por esas "agencias de viajes" resultan incluidas en el ámbito objetivo del REAV, y no se renuncia a su aplicación, el sujeto pasivo no emitirá una factura en la que se indique, específicamente, el importe del IVA repercutido, si enajenan, en nombre propio, al viajero, los servicios concernientes a la realización de un viaje. Por eso, esta renuncia al régimen especial del IVA no tiene consecuencias prácticas cuando la contratación del viaje se produce por un particular, pues se trata de un consumidor final que no tiene derecho a la deducción del IVA por la prestación de servicios que recibe. Cuestión distinta, como veremos, se produce si, quien contrata esa prestación del servicio relacionada con el viaje, es otro empresario o profesional[57].

El interés por lograr esa simplificación comportó el establecimiento, como obligatorio, de este régimen especial en la Sexta Directiva Comunitaria, haciéndose patente en los razonamientos de la Sentencia del TJUE, de 26 de septiembre de 2016. En dicho pronunciamiento se puso de relieve que "*la multiplicidad y ubicación de las prestaciones proporcionadas*" provoca dificultad y complejidad de gestión del IVA, pues no siempre resulta fácil determinar dónde se ha presta-

56 Sentencia TJUE, de 11 de noviembre de 2021, Ferimet SL contra Administración General del Estado [ECLI:EU:C:2021:910 (*Tol 8636867*)].

57 Si el contratante de esa prestación del servicio relacionada con el viaje es otro empresario o profesional, aunque cumpla las exigencias normativas para tener derecho a la deducción o devolución de las cuotas de IVA soportado, si se aplica el régimen especial del IVA, en la medida en que, en la factura emitida por esa concreta operación, no se especifica el Impuesto repercutido, no podrá deducirse el IVA relacionado con ella, ni podrá solicitar la devolución de cuotas de IVA soportado —aunque no desglosado— mediante el régimen establecido en el artículo 119 de la Ley. Ese importe del IVA soportado en esa concreta operación sí que va a ser objeto de deducción por el empresario a quien la empresa organizadora del viaje o circuito turístico presta ese concreto servicio si, respecto de esa operación, la "agencia de viajes" renuncia a la aplicación de dicho régimen especial, sujetándose al régimen general del IVA, y cumple con las restantes exigencias normativas.

do un servicio de este tipo, y a qué normas jurídicas de qué Estado debe acogerse para tributar en consecuencia, lo que, por ejemplo, puede complicar la solicitud de reembolso internacional del IVA por operadores turísticos. A su vez, también podrían tener que aplicarse reglas de localización distintas, a esas diversas prestaciones de servicios llevadas a cabo en relación con un mismo viaje, incluso, con diferentes tipos de gravámenes del IVA. Y sin perder de vista, asimismo, los problemas asociados al reparto de ingresos por el IVA entre el Estado del lugar de prestación del servicio y aquel donde tenga su sede o establecimiento permanente esa "agencia de viajes" que oferta el viaje[58]. Así lo ha reiterado, en numerosas

58 Vid. IGLESIAS CARIDAD, M., "Sentencia del Tribunal de Justicia de la Unión Europea, de 26 de septiembre de 2013, asunto C-189/11, Caso Comisión contra España: el régimen especial de las agencias de viajes en la Ley del IVA española", *Ars Iuris Salmanticensis: AIS: revista europea e iberoamericana de pensamiento y análisis de derecho, ciencia política y criminología*, Vol. 2, nº. 1, 2014, págs. 326-329, y del mismo autor "El régimen especial de las agencias de viajes en el proyecto de reforma 2014 de la normativa española del IVA y su adecuación al derecho y jurisprudencia europeos", *Documentos de Trabajo*, IEF, Madrid, 2014. Vid., asimismo, GUERVÓS MAÍLLO, M. A., *Los regímenes especiales del Impuesto sobre el Valor Añadido. Op. cit*, quien también explica que, sin embargo, con la renuncia a la aplicación del régimen especial, se pierde su principal ventaja —la simplificación de los trámites al gestionar el IVA—, pues la factura emitida por la agencia sin especificar el importe del IVA y la base imponible del Impuesto no le resulta de utilidad fiscal al empresario para deducirse el IVA soportado; y, por otra parte, las agencias se verán obligadas a gestionar el IVA soportado en países de la UE como no establecidos, cuando conciertan con un proveedor extranjero.

Por su claridad, podemos traer a colación el ejemplo reflejado por VERDÚN FRAILE, E., "El IVA y las agencias de viaje: una relación difícil", *op. cit.,* pág. 190. Si el viaje combinado se adquiere en Alemania, pero se disfruta en España, el régimen general del IVA comporta que la mayor parte de los componentes del viaje (alojamiento, etc.) tributarían en España, por lo que la agencia de viajes alemana tendría que solicitar a España la devolución del IVA, y, a su vez, debería repercutir el IVA, en Alemania, por el total de la contraprestación, por lo que el IVA se recaudaría por Alemania, y no por España —no siendo el lugar donde se realiza el viaje—. Si, incluso, dicha agencia de viajes estuviera ubicada en un territorio ajeno al IVA, sería imposible, la mayor parte de las veces, la recuperación del IVA pagado en España, por ausencia de reciprocidad.

Sin embargo, si estas mismas prestaciones de servicios se sujetan al régimen especial del IVA, las cuotas de IVA devengadas por los servicios localizados en España no podrán ser deducidos por la agencia de viajes alemana, pero sí que se podrá recaudar el IVA correspondiente en España. Y la agencia de viajes alemana se limitará a repercutir el IVA a sus viajeros únicamente sobre el margen o beneficio que obtiene por la intermediación, e ingresarlo en la Hacienda pública alemana.

ocasiones, el TJUE, hasta la más reciente Sentencia, de 29 de junio de 2023, en la que se afirma:

"21. A este respecto, el objetivo esencial de las normas relativas al régimen especial del IVA aplicable a las operaciones de las agencias de viajes es evitar las dificultades que resultarían, para los operadores económicos, de los principios generales de la Directiva del IVA relativos a las operaciones que impliquen el suministro de prestaciones adquiridas a terceros. En efecto, la aplicación de las normas del régimen común relativas al lugar de imposición, a la base imponible y a la deducción del impuesto soportado toparía, debido a la multiplicidad y ubicación de las prestaciones proporcionadas, con dificultades prácticas para esas empresas que podrían obstaculizar el ejercicio de su actividad (sentencias de 12 de noviembre de 1992, Van Ginkel, C 163/91, EU:C:1992:435, apartado 14, y de 25 de octubre de 2012, Kozak, C 557/11, EU:C:2012:672, apartado 19)"[59].

En definitiva, sin perder de vista que dicho Impuesto comunitario se rige por el principio de neutralidad[60], en aras de lograr la mayor simplificación posible, la Sexta Directiva introdujo este régimen fiscal especial para que resultara de aplicación en todo el territorio de aplicación del Impuesto —tratando de evitar,

---

59 Sentencia TJUE, de 29 de junio de 2023, Dyrektor Krajowej Informacji Skarbowej contra C. Sp. z o.o., Asunto C-108/22 (ECLI:EU:C:2023:522).

60 Como ejemplo de la importancia de este principio de neutralidad, podemos traer a colación la Sentencia del TJUE, de 17 de mayo de 2023, Asunto C-418/22 (ECLI:EU:C:2023:418), en la que se afirma: "En lo que respecta, por otra parte, al principio de neutralidad fiscal, este exige que se conceda la deducción del IVA soportado si se cumplen los requisitos materiales, aun cuando los sujetos pasivos hayan omitido determinados requisitos formales. En consecuencia, desde el momento en que la autoridad tributaria dispone de los datos necesarios para determinar que se cumplen los requisitos materiales, no puede imponer requisitos adicionales cuyo efecto pueda ser la imposibilidad absoluta de ejercer el derecho a deducción (véase, en este sentido, la sentencia de 9 de julio de 2015, Salomie y Oltean, C-183/14, EU:C:2015:454, apartados 58 y 59 y jurisprudencia citada)" (*Tol 5196911*).
Vid. MARTÍNEZ MUÑOZ, Y., "El principio de neutralidad en el IVA en la doctrina del TJUE", *Civitas, REDF*, nº 145, 2010. COMPAÑ PARODI, T., *Las opciones tributarias en el ordenamiento español.* Tirant lo Blanch, Valencia, 2018, pág. 128, se muestra partidaria de no admitir el principio de neutralidad como finalidad perseguida al establecer una opción tributaria en el IVA, salvo casos excepcionales y cuando la Directiva 2006/112/CE autorice expresamente el empleo de tales normas opcionales con dicho propósito. Circunstancia que no concurre en el caso que analizamos, sino todo lo contrario, dado el silencio sobre el ejercicio de esta opción en la normativa comunitaria.

así, las consiguientes distorsiones fiscales—, estableciéndose una exención para dejar fuera el ámbito extracomunitario[61]. Por eso, según el artículo 143 de la Ley del IVA, están exentos del Impuesto los servicios prestados por los sujetos pasivos sometidos al régimen especial de las agencias de viajes si esas entregas de bienes o prestaciones de servicios, adquiridos en beneficio del viajero y utilizados para efectuar el viaje, se realicen fuera de la Unión Europea, no siendo necesario repercutir ni ingresar IVA por estos servicios. Si la entrega de bienes o prestación de servicios se realiza parcialmente en el territorio de la Unión, solo resultará exenta la parte de la prestación de servicios de la agencia correspondiente a las efectuadas fuera de dicho territorio. En estos casos, el principal problema se produce, como es lógico pensar, cuando los servicios se presten conjuntamente dentro y fuera de la Unión Europea. En tal caso, la exención se aplica únicamente a la parte de servicio prestado fuera de la Unión Europea, lo que puede suponer un problema de calificación y cálculo del Impuesto dado que, en viajes combinados, puede ser difícil discernir y concretar dónde se presta el servicio y en qué proporción, lo que exigirá acudir a las reglas de localización del IVA.

Ahora bien, esa misma "especialidad" del régimen fiscal en el IVA ha venido acompañada de su consideración como "excepcional", en el sentido de que constituye una "excepción al sistema común del IVA"[62], de modo que "solo debe aplicarse en la medida necesaria para alcanzar su objetivo"[63].

Precisamente por eso, la aplicación de este régimen especial del IVA a determinadas operaciones de las agencias de viajes no comporta que sea "independiente y exhaustivo, sino que únicamente consiste en excepciones a determinadas reglas del sistema general del IVA, de modo que el resto de normas del sistema

61 Vid., en este sentido, DELGADO PACHECO, A., "El régimen de las operaciones de agencia y mediación en el IVA", *Crónica Tributaria*, nº 45/1983, pág. 89, y CUBERO TRUYO, A., "Los 'regímenes especiales en la Sexta Directiva de la CEE", *Noticias CEE,* nº 69, 1990, pág. 75. Vid. la Sentencia TJUE, de 13 de marzo de 2014, As. C-599/12, sobre el alcance de la exención en operaciones llevadas a cabo fuera del territorio de aplicación del Impuesto.

62 Así lo ha reiterado la citada Sentencia TJUE, de 29 de junio de 2023, y fue ya declarado por la Sentencia de 25 de octubre de 2012, Kozak, C-557/11, apartado 16 (ECLI:EU:C:2012:672).

63 Sentencia TJUE, de 19 de diciembre de 2018, Skarpa Travel, C-422/17, apartados 24 y 27 y jurisprudencia citada [ECLI:EU:C:2018:1029 (*Tol 6955997*)].

general se aplica a las operaciones de las agencias de viajes sujetas al IVA", en palabras de la Sentencia del TJUE, de 19 de diciembre de 2018[64]:

> "30. De este modo, todas las disposiciones del sistema general del IVA pueden aplicarse a las operaciones incluidas en el régimen especial de las agencias de viajes, salvo aquellas que regulan el lugar de imposición, el cálculo de la base imponible del impuesto y su deducibilidad".

En definitiva, este régimen fiscal especial en el IVA, aplicable a determinadas prestaciones de servicios relacionadas con la organización y realización de servicios de viajes, resulta "excepcional", pues, para liquidar el IVA correspondiente a una misma operación, pueden llegar a tenerse en cuenta disposiciones del régimen general del IVA y aquellas previsiones de dicho régimen especial que tienen que ver con: i) el lugar de realización del hecho imponible, ii) la determinación de la base imponible, y, lo que también resulta determinante, iii) la deducción del IVA soportado.

Precisamente, las consecuencias de este régimen especial en relación con este último aspecto —la deducibilidad del IVA por el empresario a quien se presta el servicio, a la que nos hemos referido brevemente— son las que suelen justificar, en su caso, que el sujeto pasivo —esto es, el empresario que presta el servicio— renuncie a su aplicación. De hecho, las consecuencias económicas que se anudan a la renuncia a que una concreta prestación de servicios no resulte liquidada de conformidad con el régimen especial —y, por tanto, le sea aplicable el régimen general del IVA—, no resultan desdeñables, sobre todo y especialmente, para quien recibe la prestación del servicio —y no, paradójicamente, para quien es el titular de la facultad de renunciar—. Es más, tal causa fueron la que originó la modificación normativa tributaria española por la Ley 28/2014 y la que introdujo esa posibilidad de optar por la renuncia.

Por tanto, si la "agencia de viajes" presta, en nombre propio, a sus clientes —empresarios o profesionales con derecho a la deducción o devolución del IVA— unos servicios de transporte y/o alojamiento, y/o accesorios o complementarios a ellos, en el territorio de aplicación del Impuesto, quizás le resulte de interés propiciar que el sujeto pasivo del IVA, que le repercute el Impuesto, renuncie a la aplicabilidad, a esa concreta operación, del régimen especial del IVA —y se acoja a las previsiones del régimen general—, porque, de este modo, ese empresario

64 Sentencia TJUE, de 19 de diciembre de 2018, citada.

que recibe la prestación del servicio podrá deducir el IVA soportado en esa concreta operación —y no será un mayor valor de adquisición—.

Sin embargo, si la "agencia de viajes", en nombre propio, presta, a esos mismos clientes, esos servicios de transporte y/o alojamiento —con sus accesorios o complementarios—, pero están fuera del territorio de aplicación del Impuesto, le resulta más ventajoso aplicar el régimen especial del IVA —no así el general—, puesto que únicamente podrá repercutir el IVA que grava el margen bruto obtenido por esa "agencia de viajes" en cada operación, sin que, quien lo reciba, pueda deducirse el IVA soportado —en cuyo caso, se convierte en un mayor coste de la operación—[65].

---

[65] Vid. SERRANO CAÑAS, J. M., y RECIO RAMÍREZ, M. A., "Novedades en el IVA de la actividad de intermediación turística, en especial las agencias de viajes", *International Journal of Scientific Management and Tourism,* 2015, Vol. 1, pág. 232. DE UÑA REPETTO, J., "Agencias de viajes: importante reforma de su régimen especial en el IVA", *Estrategia Financiera*, nº 333, LA LEY 7504/2015, explica que se considerará margen bruto de la agencia de viajes, a estos efectos, la diferencia entre la cantidad total cargada al cliente, excluido el IVA que grave la operación, y el importe efectivo, Impuestos incluidos, de las entregas de bienes o prestaciones de servicios que, efectuadas por otros empresarios o profesionales, sean adquiridos por la agencia para su utilización en la realización del viaje y redunden directamente en beneficio del viajero. No teniéndose en cuenta, en su cómputo, las cantidades relacionadas con operaciones exentas —servicios prestados por los sujetos pasivos sometidos a este régimen especial cuando las entregas de bienes y prestaciones de servicios, adquiridos en beneficio del viajero y utilizados para efectuar el viaje, se realicen fuera de la Comunidad—, operaciones de compraventa o cambio de moneda extranjera; gastos de teléfono, télex, correspondencia y otros análogos efectuados por la agencia de viajes.
Una discusión sobre la determinación de la base imponible y la cuantificación del rendimiento, atendiendo a cómo fijar el margen bruto de la agencia, puede verse en la Sentencia de la Audiencia Nacional, de 16 de abril de 2008, Rec. nº 129/2007 (*Tol 4210489*), en la Sentencia de la Audiencia Nacional, de 28 de mayo de 2009, Rec. nº 138/2008 [ECLI:ES:AN:2009:2520 (*Tol 5270982*)], y, sobre todo, en la Sentencia del Tribunal Supremo, de 10 de mayo de 2012, Rec. nº 2702/2008, F.J. 4º, en la que se afirma que: "según este régimen especial, la base imponible corresponde al margen bruto obtenido en la operación, y el IVA devengado en una operación realizada por la agencia de viajes se obtiene aplicando el tipo general (16%) al margen bruto, definido por el art. 145 de la LIVA como la diferencia entre el precio cobrado al cliente, sin IVA, y los costes directos, entre los que se incluyen el IVA, y, a diferencia del régimen general, sin deducir el IVA soportado en la adquisición de los bienes o servicios utilizados en beneficio del viajero que contrata la agencia. La cuota del IVA correspondiente a una operación en régimen

Precisamente, para evitar el perjuicio que esas consecuencias relacionadas con la deducción o devolución del IVA soportado podrían causar a una gran cantidad de empresas de este sector, se reguló normativamente esta posibilidad de renuncia al REAV. Como explica Gómez Aragón[66], al aplicarse el régimen

especial será, por tanto, el importe resultante de aplicar el tipo general del tributo a la base imponible de dicha operación.

Así pues, el IVA devengado en cada una de las operaciones realizadas por la sociedad recurrente debe partir del precio de venta al público sin el IVA, a diferencia de lo pretendido en sus declaraciones tributarias y en este recurso de casación, siendo incorrecto, en consecuencia, contabilizar el PVP con el IVA incluido. El margen bruto debe calcularse, como indica la normativa antedicha, a partir del PVP sin IVA, menos el coste directo. Lo contrario vendría a ser una incorrecta aplicación del régimen ordinario, dando como resultado una base imponible artificialmente reducida e inferior a la que corresponde según el art. 145 de la LIVA.

Llevado este cálculo legal a la práctica, resultaría que sobre un PVP 100, descontando el IVA y deducidos los costes directos por valor de 80, el margen bruto sería 20 (100-80), siendo el IVA devengado en régimen especial el resultado de aplicar el 16% a 20 (1.6 x 20), 3,2, por lo que el precio que debe facturarse es 103,2.

Si se opta por la estimación de la base imponible y cuota de un ejercicio a partir del resultado obtenido en cada operación individual realizada, es decir, operación por operación (art. 146 de la LIVA), como así eligió la recurrente, procederá calcular el margen bruto que resulta de cada operación realizada, siempre que sea positivo, sumándose seguidamente todas las cuotas para obtener la cuota anual total. Lo que no debe obviarse es que sólo existe una base imponible, el margen bruto de la agencia, sin tener que ver con el sistema de determinación de operación por operación o el global (cálculo del conjunto de las operaciones realizadas en el ejercicio en cuestión)". [ECLI:ES:TS:2012:3559 (*Tol 2550756*)].

Resulta revelador el caso analizado por la Sentencia del TSJ de Castilla y León —Valladolid—, de 7 de marzo de 2018, Rec. nº 60/2017, pues el Tribunal anula el acto de declaración de responsabilidad tributaria al tercero —no la liquidación exigida previamente a la mercantil, que era la sujeto pasivo, que devino firme—, porque se constató que la mercantil no había aplicado correctamente, en la totalidad de supuestos, el margen bruto que determina la base imponible en este régimen especial, pues, en varias de las facturas abonadas, obraba la expresión de actuarse por cuenta de otras empresas [ECLI:ES:TSJCL:2018:906 (*Tol 6593140*)].

66 Como afirma GÓMEZ ARAGÓN, D., "La renuncia a la aplicación del régimen especial...", *op. cit.*, así se cumplía con el objetivo señalado por el TJUE, en el apartado 91 de la citada sentencia: «(...) el artículo 168 de la Directiva enuncia el principio del derecho a la deducción del IVA. Este se aplica al impuesto soportado por la adquisición de los bienes y servicios que el sujeto pasivo [empresario o profesional en la terminología de la LIVA] utilice para las necesidades de sus operaciones gravadas (...). Como ha señalado

especial del REAV sin atender a la condición del destinatario de la prestación del servicio —pudiendo serlo, también, una empresa que tiene derecho a deducir el IVA—, las agencias de viaje se verían en peor condición en relación con aquellas empresas que adquirieran sus servicios de viaje directamente a las compañías hoteleras y de transporte. La razón era clara: éstas últimas, al tributar en el régimen general del IVA, tendrían que emitir, a aquellas, una factura en el que constase la cuota del IVA repercutido específicamente desglosada, de modo que, para ellas, ese IVA no supondría un mayor coste de adquisición del viaje al poder deducírselo.

Sin embargo, si esos mismos servicios son prestados por una agencia de viajes, en nombre propio, a ese mismo cliente, pero se aplica el régimen especial del REAV, en la factura emitida al destinatario de la prestación del servicio solo se refleja la cuantía total a que ascendía la prestación del servicio, sin desglosar, por separado, el importe concreto del IVA repercutido. En este segundo caso, todo el importe abonado por el cliente a la agencia de viaje es coste de adquisición[67], sin deducción del IVA soportado. Esta situación, fiscalmente muy desventajosa

el Abogado General en el apartado 26 de sus conclusiones, con objeto de garantizar la neutralidad del IVA, el importe del impuesto deducido debe corresponder exactamente con el importe del impuesto devengado o soportado».

67 Como puso de relieve GARCÍA CALVENTE, Y., "La modificación del régimen especial...", *op. cit.,* "Como consecuencia de la modificación del artículo 26 de la Sexta Directiva, las agencias de viaje podrán aplicar el régimen normal del Impuesto sobre el valor añadido a toda prestación sujeta al régimen especial de imposición del margen. Esta reforma tiene en su origen el problema que plantea la aplicación del régimen de imposición al margen en la organización de viajes de empresa o de viajes combinados ofrecidos a empleados como incentivo. En estos supuestos, el régimen actual puede incitar a las empresas a dirigirse directamente al proveedor de cada servicio en lugar de a una agencia de viajes. De este modo, puede deducir el IVA correspondiente, mientras que, si le factura una agencia un precio con el IVA incluido, no tendrá derecho a deducir el impuesto soportado. También en este supuesto la solución se encontraba en la propia Sexta Directiva, ya que las disposiciones de su artículo 26 bis sobre el régimen especial de imposición al margen aplicable a los bienes de ocasión permiten a los proveedores optar por aplicar las reglas normales relativas al IVA.
La finalidad de esta opción es, por tanto, que los clientes sujetos pasivos puedan deducir el IVA residual que les factura la agencia de viajes. El hecho de que, en la actualidad, para los clientes «profesionales» resulte más ventajoso tratar con proveedores individuales de los elementos del viaje combinado (transporte, alojamiento, etc.), que aplican el régimen normal del IVA, para así poder deducir el IVA, supone un claro menoscabo del principio de neutralidad. La aplicación del impuesto condiciona el comportamiento

y que incide en la línea de flotación del principio de neutralidad, podía llegar a comprometer la viabilidad económica de las empresas españolas del sector de agencias de viajes dedicadas a suministrar, en nombre propio, servicios relacionados con viajes a empresas con derecho a deducción total o parcial del IVA soportado al adquirir bienes y servicios destinados al desarrollo de su actividad (segmento denominado "business travel"). Además, de no permitirse la corrección de esta desventaja y sus consecuencias en la tributación en el IVA, el principio de neutralidad resulta ciertamente afectado.

Con la posibilidad de renunciar a la aplicación, en esa operación, del régimen especial en el IVA, y, en consecuencia, resultar sometida al régimen general, se sitúa, a este sector empresarial relacionado con los viajes o circuitos turísticos, en una posición muy competitiva cuando facturen a otros empresarios o profesionales, bien sea a empresas del propio sector turístico (revendedoras de viajes) o a empresas en general —por ejemplo, por la organización de viajes de empresa para empleados o clientes—, puesto que, de ese modo, las destinatarias de esa prestación del servicio de viajes o circuitos turísticos van a poder deducir las cuotas del IVA soportado en esa concreta operación. La agencia de viajes mayorista debe repercutir el IVA al tipo de los servicios prestados, y, simultáneamente, se podrá deducir el IVA soportado en las adquisiciones de bienes y servicios utilizados. Y la empresa que reciba la prestación del servicio, tendrá que hacer frente a un IVA repercutido que, también en su caso, podrá deducirse o solicitar la devolución.

---

económico de los sujetos pasivos, algo totalmente contrario a un principio tan importante".

C. LA RENUNCIA AL RÉGIMEN ESPECIAL DEL IVA PARA DETERMINADAS PRESTACIONES DE SERVICIOS LLEVADAS A CABO POR "AGENCIAS DE VIAJES"

C.1. PRIMERA EXIGENCIA PARA PODER RENUNCIAR AL RÉGIMEN ESPECIAL: RENUNCIA EN CADA OPERACIÓN

Antes de adentrarnos en el análisis de las posibilidades de renuncia, sus requisitos y exigencias, es necesario reflejar que la propia dicción textual del art. 147 de la Ley del IVA refleja que dicha opción por no aplicar el régimen especial es una "excepción a lo previsto en el artículo 141 de esta Ley", que tiene que ser ejercitada por el sujeto pasivo del Impuesto (no se olvide, la empresa que presta el servicio) para que, en esa concreta operación, no se aplique el régimen especial y que se liquide el IVA aplicando las previsiones del régimen general de este Impuesto, repercutiéndose el IVA a la empresa destinataria —para que, así, ésta pueda deducírselo—.

Por tanto, el citado precepto legal deja sentado que la regla general va a ser la aplicación obligatoria del REAV cuando se cumplan las condiciones y requisitos previstos normativamente, mientras que la renuncia a ese régimen especial —y la consiguiente aplicación del régimen general— se prevé como una excepción, cuya aplicación tiene que decidir el sujeto pasivo —empresario o profesional que presta el servicio, art. 5 LIVA—, en relación con cada operación o prestación de servicios que resulte sujeta a ese régimen especial; aunque, realmente, no sea él quien resulta beneficiado fiscalmente por dicha renuncia.

Esta conclusión se ve corroborada por la redacción, en términos imperativos, del art. 141 de la Ley del IVA, cuando confirma que este régimen fiscal especial "*será de aplicación (...)*". Por tanto, cuando las "agencias de viajes" actúen en nombre propio respecto de los viajeros y, en la realización del viaje (sean servicios de hospedaje y/o transporte y aquellos accesorios o complementarios), utilicen bienes entregados o servicios prestados por otros empresarios o profesionales, resultarán obligadas a aplicar este régimen fiscal especial[68]; obviamente, si cumplen con los restantes requisitos específicos. Pero podrán decidir la renuncia a la aplicación de dicho régimen especial, y, por tanto, que el IVA anudado a esa concreta prestación de servicios se liquide según las previsiones normativas del régimen general del Impuesto.

Además, el artículo 147 LIVA efectúa una precisión sobre la posibilidad de renunciar al régimen especial previsto en el art. 141 de la Ley, que despliega consecuencias muy importantes: que esa renuncia a aplicar el régimen especial, para tributar en el régimen general del IVA, debe efectuarse "operación por operación"; esto es, si se quiere renunciar a la aplicación del régimen especial, se tiene que hacer respecto de cada prestación de servicios que se lleve a cabo.

Esta exigencia se reitera en el artículo 52 del RIVA, destinado a desarrollar reglamentariamente la "Opción por la aplicación del régimen general del Impuesto"[69], cuyo contenido es el siguiente:

> *"La opción por la aplicación del régimen general del impuesto a que se refiere el artículo 147 de la Ley del Impuesto, se practicará por cada operación realizada por el sujeto pasivo".*

Las consecuencias fiscales de estas previsiones legales y reglamentarias son muy importantes.

Si, según el artículo 141 de la Ley del IVA, se aplica el régimen especial con carácter obligatorio (no en vano, afirma "*será de aplicación*") a cualquier opera-

---

68 Apostilla GÓMEZ ARAGÓN, D., "La renuncia a la aplicación del régimen especial...", *op. cit.,* que será así independientemente, por ejemplo, del lugar donde esté radicada la agencia de viajes que vende el viaje, del lugar donde se lleven a cabo materialmente los servicios integrantes del viaje, o, incluso, del lugar en donde tiene su sede, establecimiento o domicilio del destinatario al que la agencia vende ese viaje.

69 La redacción, actualmente vigente, de este precepto reglamentario se efectuó por el art. 1.13 del Real Decreto 1073/2014, de 19 de diciembre, que modificó la redacción original del Real Decreto 1624/1992. En su Exposición de Motivos se decía:
"*Por lo que respecta al régimen especial de las agencias de viajes, se regula el ejercicio de la opción por la aplicación del régimen general del Impuesto a que se refiere el artículo 147 de la Ley, que se deberá efectuar operación por operación y ser comunicada por escrito al destinatario con carácter previo o simultáneo a la prestación de los servicios a que se refiere la misma, si bien, con una finalidad simplificadora, se prevé que dicha comunicación pueda realizarse al tiempo de la expedición de la factura y a través de la misma (...)*".

ción que consista en la venta de un "viaje o circuito turístico" (que incluya "servicios de hospedaje o transporte prestados conjuntamente o por separado y, en su caso, con otros de carácter accesorio o complementario de los mismos") realizada en nombre propio por un revendedor (agencia de viajes, organizador de circuitos turísticos o cualquier otro empresario o profesional) que, a su vez, haya adquirido dichos servicios a otro empresario o profesional, se establece que la renuncia no puede efectuarse para todas las operaciones y prestaciones de servicios que se lleven a cabo con ese cliente, sino que esa renuncia se decidirá respecto de cada una de las operaciones que, en principio, resultan sujetas a ese régimen especial.

Esto es, de entrada, para poder renunciar a la aplicación del régimen especial del REAV, debe tratarse de operaciones a las que, de no optar por la renuncia, les resultaría de aplicación inexcusablemente dicho régimen, de conformidad con el artículo 141 LIVA.

De este modo, nada impide —si no, todo lo contrario— que un mismo empresario, profesional o sociedad mercantil que lleva a cabo la venta de "viajes o circuitos turísticos" pueda optar, libremente, por renunciar al REAV, tanto respecto de todas las operaciones que lleve a cabo, como solamente respecto de algunas de ellas, y no lo haga en otras, siempre que, eso sí, se trate de una operación a la que, según el artículo 141 de la Ley, le resulte aplicable el REAV. Incluso, puede decidir renunciar a una operación o prestación de servicio, y a otra no, aunque todas ellas sean realizadas en relación con el mismo cliente.

Esta circunstancia también despliega consecuencias importantes respecto de la carga de la prueba de la realidad del ejercicio de la decisión del sujeto pasivo por uno u otro régimen fiscal, así como sobre el cumplimiento de los requisitos exigidos —sean sustanciales o formales—, pues, en caso de discrepancia o de solicitarse una rectificación, se deberá acreditar, una a una, que cada operación cumple con las exigencias establecidas normativamente. En este sentido, la Sentencia del TSJ de la Comunidad Valenciana, de 26 de abril de 2022, en el caso enjuiciado, recalcó la exigencia de presentar un "sustento probatorio que acredite, de forma individualizada y fehaciente, que todo el listado de las facturas por operaciones realizadas en el ejercicio 2015 y parte del 2016, cumplen con los requisitos exigidos por el art. 143 de la LIVA y 52 del Reglamento correspondiente"[70].

---

70 Sentencia del TSJ de la Comunidad Valenciana, de 26 de abril de 2022, Rec. nº 871/2021 [ECLI:ES:TSJCV:2022:2777 (*Tol 9106491*)].

También, de manera destacada, la Sentencia del TSJ de Madrid, de 30 de septiembre de 2008, hace hincapié en la necesidad de llevar a cabo una suficiente actividad probatoria y, sobre todo, en atender a los criterios que disciplinan la distribución de la carga de la prueba. Concretamente, afirma que: "La valoración es, por tanto, una cuestión de hecho y está en función de las características esenciales de cada caso (...) Del conjunto de la prueba aportada, que contiene los distintos convenios, contratos, modelos de billetes y marco relacional y financiero de todos los intervinientes nos permite indicar que la relación directa con el cliente que la AEAT indica de la recurrente resulte ni con mucho probada. La recurrente no tiene contratos suscritos con las compañías de transporte, sino que es la empresa matriz la que las realiza, las compañías aportan documentos en las que asumen directamente la responsabilidad de los billetes emitidos indicando que la relación con la recurrente es meramente mediadora y que asumen las obligaciones frente al cliente. En consecuencia y si como queda dicho se trata de una cuestión de hecho lo determinante es la prueba y el esfuerzo que hacen las partes para demostrar aquellos argumentos que esgrimen en sus alegaciones"[71].

Y, obviamente, no podemos dejar de traer a colación la Sentencia del Tribunal Supremo, de 24 de junio de 2015[72], que se pronuncia, precisamente, sobre si la presentación tardía de la documentación requerida para la devolución del IVA impide su aportación posterior en vía judicial, considerando procedente la devolución solicitada, en esta tesitura. Doctrina ratificada por otras posteriores, como las Sentencias del Tribunal Supremo, de 20 de abril de 2017[73], y, de manera destacada, por la Sentencia de 27 de julio de 2021[74], que encuentra apoyo jurídico tanto en Sentencias del Tribunal Constitucional relacionadas con el derecho fundamental a la obtención de una tutela judicial efectiva, art. 24.1 CE (por todas, STC 88/2021, de 19 de abril), como del Tribunal Supremo (por todas,

---

71 Sentencia del TSJ de Madrid, de 30 de septiembre de 2008, Rec. nº 363/2005 [ECLI:ES:TSJM:2008:16961 (*Tol 1431311*)].

72 Sentencia del Tribunal Supremo, de 24 de junio de 2015, Rec. nº 1936/2013 [ECLI:ES:TS:2015:3130 (*Tol 5205768*)].

73 Sentencias del Tribunal Supremo, de 20 de abril de 2917, Rec. nº 615/2016 [ES:TS:2017:1509 (*Tol 6057628*)].

74 Sentencia del Tribunal Supremo, de 27 de julio de 2021, Rec. nº 6012/2019 [ECLI:ES:TS:2021:3251 (*Tol 8547143*)].

la Sentencia de 30 de septiembre de 2019[75]), sobre valoración de la prueba en relación con el derecho a la utilización de los medios de prueba (art. 24.2 CE), aludiendo a la existencia de lealtad procesal por la parte o la inexistencia de vulneración de abuso alguno procesal.

Con esta misma orientación se había pronunciado el TSJ de la Comunidad Valenciana, en Sentencia, de 12 de noviembre de 2004, Rec. nº 1653/2003[76]. En ella, se atiende al caso de un recurrente que había cometido unos errores en la deducción del IVA repercutido y soportado, solicitando su rectificación ante la AEAT. Siendo desestimada, también el TEAR de la Comunidad Valenciana desoyó su petición porque entendió que debían retrotraerse las actuaciones a los órganos de gestión para que decidieran, en su caso, tras realizar las oportunas comprobaciones. Sin embargo, la citada Sentencia considera que los Tribunales Económico-administrativos están obligados a resolver todas las cuestiones, de hecho o de derecho, que presente el expediente. Y, siendo cierto que el malhadado artículo 239.3 de la LGT le atribuye competencia para ordenar la retroacción de actuaciones cuando se ha producido un defecto formal causante de indefensión, el Tribunal considera que "ha de hacerse de modo tal que conforme a patentes razones de economía procesal no se repitan trámites o resoluciones". En el caso enjuiciado, dado que el recurrente había aportado como prueba, ante el Tribunal de Justicia, los documentos justificativos, considera improcedente, "para no dejarle indefenso, remitirle a pleitos sucesivos innecesarios, y en ejercicio del principio de tutela", estima su pretensión y, declarar probado su derecho a la deducción del IVA, precisamente porque acompaña, a su demanda, la prueba documental, no desvirtuada por la Administración.

Pero esta conclusión no ha sido mantenida, exclusivamente, por los Tribunales de Justicia españoles, con base en los citados derechos fundamentales protegidos por el art. 24 CE, sino que también es asumida por el Tribunal de Justicia de la Unión Europea, tratándose del IVA. El Tribunal de Luxemburgo, apelando, en ese caso, a unos arraigados principios comunitarios como son el principio de neutralidad fiscal, de efectividad y el de proporcionalidad, admite la aportación extemporánea de pruebas que acrediten los requisitos materiales que justifican

75 Sentencia del Tribunal Supremo, de 30 de septiembre de 2019, Rec. nº 4204/2017 [ECLI:ES:TS:2019:3264 (*Tol 7548542*)].

76 Sentencia del TSJ de la Comunidad Valenciana, de 12 de noviembre de 2004, Rec. nº 1653/2003 (*Tol 576995*).

el disfrute de una exención en dicho Impuesto, por ejemplo, en la Sentencia de 2 de marzo de 2023[77].

De hecho, en esa Sentencia, se recuerda la importancia que el propio Tribunal, en el anterior pronunciamiento de 18 de noviembre de 2020[78], había otorgado a la necesidad de que, en materia de derecho a deducción del IVA, se garantice la neutralidad con respecto a la carga fiscal de todas las actividades económicas, cualesquiera que sean los fines o sus resultados, siempre que dichas actividades estén, a su vez, en principio, sujetas al IVA.

Pero, no sólo eso, sino que, además, el TJUE también ha venido recalcando, constantemente, que el derecho a la deducción y, por tanto, a la devolución del IVA, forma parte del mecanismo de este Impuesto armonizado y, en principio, no puede limitarse. Y ha destacado, asimismo, que dicho principio fundamental de neutralidad del IVA exige que se conceda la deducción o la devolución del IVA soportado si se cumplen los requisitos materiales, aun cuando los sujetos pasivos hayan omitido determinados requisitos formales, salvo que dicho incumplimiento de requisitos formales impida la aportación de la prueba cierta del cumplimiento de los requisitos materiales.

C.2. SEGUNDA EXIGENCIA PARA PODER RENUNCIAR AL RÉGIMEN ESPECIAL: EL DESTINATARIO DE LA PRESTACIÓN DE ESE SERVICIO TIENE QUE SER UN EMPRESARIO O PROFESIONAL

La gran novedad introducida por la citada reforma de la Ley del IVA —por la Ley de 2014, en vigor desde el 1 de enero de 2015—, en este punto, no traía causa de ninguna previsión de la Sexta Directiva[79], sino que encontraba su razón de ser

---

77 Sentencia TJUE, de 2 de marzo de 2023, Nec Plus Ultra Cosmetics AG y Republika Slovenija, Asunto C-664/2021 (ECLI:EU:C:2023:142).

78 Sentencia TJUE, de 18 de noviembre de 2020, Comisión/Alemania (Devolución del IVA — Facturas), Asunto C-371/19, ECLI:EU:C:2020:936 *(Tol 8203559)*.

79 Al no establecerse dicha previsión en la Directiva Comunitaria, podía darse el caso de que la agencia de viajes pudiera no tener derecho a la devolución de cuotas de IVA que hubiera soportado en otro Estado miembro.

en la citada Sentencia del TJUE, de 26 de septiembre de 2013[80], la cual admitió que el REAV también resultaba de aplicación si una "agencia de viajes" (v.gr. mayorista) prestaba el servicio a otra "agencia de viajes" (v.gr. minorista) para que ésta última ofertara y prestara directamente el servicio al consumidor final[81]. En este sentido, la Ley 28/2014 modificó el apartado dos del art. 141 Ley del IVA, pues excluía la aplicación del régimen especial a las ventas realizadas al consumidor final efectuadas por una "agencia de viaje", cuando el viaje había sido organizado por otra "agencia de viaje" mayorista[82].

Aprovechando esa reforma, se introdujo, normativamente, la posibilidad de renunciar al régimen especial del IVA en determinadas prestaciones de servicios relacionadas con la organización de viajes si, llevándose a cabo por un sujeto pasivo del IVA —empresario, profesional o sociedad mercantil— tenía, como

---

80 En el asunto C-189/11, la Comisión Europea promovió ante el TJUE un recurso de incumplimiento contra el Reino de España, entre otros motivos, por aplicar el régimen especial de las agencias de viajes en aquellos casos en que los servicios de viajes se han vendido a una persona distinta del viajero. Según la Sentencia, para aplicar el régimen especial, no es relevante la condición del destinatario del servicio —ya se trate del viajero, del consumidor final o de una agencia intermediaria—, considerando que las normas del régimen especial no se limitan a los supuestos de venta de viajes a los viajeros. En el mismo sentido se pronuncia el Tribunal en las Sentencias dictadas en los asuntos C-93/11 Comisión/Polonia; C-236/11 Comisión/Italia; C-269/11 Comisión/República Checa; C-293/11 Comisión/Grecia; C-296/11 Comisión/Francia; C-309/11 Comisión/Finlandia y C-450/11 Comisión/Portugal.

81 En este sentido, el artículo 141 de la Ley del IVA, en su apartado Uno, establece que será de aplicación: "*1.º A las operaciones realizadas por las agencias de viajes cuando actúen en nombre propio respecto de los viajeros y utilicen en la realización del viaje bienes entregados o servicios prestados por otros empresarios o profesionales.*
A efectos de este régimen especial, se considerarán viajes los servicios de hospedaje o transporte prestados conjuntamente o por separado y, en su caso, con otros de carácter accesorio o complementario de los mismos.
2.º A las operaciones realizadas por los organizadores de circuitos turísticos y cualquier empresario o profesional en los que concurran las circunstancias previstas en el número anterior".

82 El contenido actual del art. 141.Dos Ley IVA dispone: "*Dos. El régimen especial de las agencias de viajes no será de aplicación a las operaciones llevadas a cabo utilizando para la realización del viaje exclusivamente medios de transporte o de hostelería propios.*
Tratándose de viajes realizados utilizando en parte medios propios y en parte medios ajenos, el régimen especial sólo se aplicará respecto de los servicios prestados mediante medios ajenos".

destinatario, a un cliente que también ostentaba la condición de empresario o profesional —quien recibe la repercusión del IVA correspondiente—, *ex* art. 5 LIVA, realizando la adquisición de ese servicio o viaje precisamente en su condición de empresario o profesional, y, además, con derecho a la deducción del IVA soportado o tiene derecho a solicitar y obtener su devolución[83].

La citada Sentencia del TJUE, de 26 de septiembre de 2013, llega a afirmar, incluso, que resulta indiferente, en ese caso, que ese empresario o profesional a quien se dirige esa prestación de servicios por la agencia de viajes u organizador de circuitos turísticos lo adquiera para revenderlo, posteriormente, a un cliente consumidor final, o si destina ese viaje a necesidades propias de su actividad económica —aunque ésta no tenga que ver con la de agencia de viajes—.

Así pues, es necesario atender a lo dispuesto en el artículo 5 de la Ley del IVA, en el que, con carácter general y de manera ciertamente amplia, se establece que, a efectos de dicho tributo, se reputarán empresarios o profesionales las personas o entidades que realicen actividades empresariales o profesionales. Y, a tal efecto, deben considerarse por tales aquellas actividades que impliquen la ordenación por cuenta propia de factores de producción materiales y humanos, o de uno de ellos, con la finalidad de intervenir en la producción o distribución de bienes o servicios[84].

En definitiva, esta primera previsión subjetiva atiende al destinatario de la operación, estableciéndose que debe ser un empresario o profesional, o una sociedad mercantil, y que debe adquirir el viaje y obtener esa prestación del servicio actuando precisamente en tal condición. Pues, de lo contrario, no tendría sentido alguno la previsión normativa, que seguidamente analizamos. Por eso, no se puede aplicar este régimen especial si el sujeto pasivo —que presta el servicio y repercute el IVA— no constata —y, en su caso, no resultase acreditado— que el

---

83 Esta causa de exclusión de la aplicación del régimen especial se une, así, a las otras dos previstas normativamente: cuando las operaciones fueran llevadas a término únicamente utilizando medios de transporte o de hostelería propios para la realización del viaje.

84 Así lo reconoció la citada Sentencia del TJUE, de 13 de octubre de 2005, C-200/04. En este supuesto se incluiría, por ejemplo, la prestación del servicio de transporte, alojamiento y realización de un curso de idiomas en otro país, por un empresario o profesional.

tercero actúa como intermediario con agencias mayoristas; esto es, que intervienen otros operadores[85].

Esta exigencia resulta explicada, gráficamente, en la Sentencia de la Audiencia Nacional, de 18 de septiembre de 2008, en la que se afirmó que: "Por ello, la Sala no puede compartir la argumentación que se contiene en la resolución impugnada al prescindir de la distinción establecida legalmente y considerar de aplicación siempre y en todo caso a las agencias de viajes el régimen especial, sin atender a quién es el destinatario de los servicios prestados. Y es que, como hemos declarado en anteriores ocasiones (por todas, SAN de 22 de mayo de 2008, Recurso número 117/2007) la diferencia entre uno y otro supuesto aparece clara: se trata de que quién actúa en nombre propio frente al viajero es la agencia minorista que adquiere la plaza hotelera, a diferencia de aquel otro supuesto en el que la agencia minorista interviene como simple comisionista y, por tanto, sin responder frente a los viajeros"[86].

---

85 En este sentido, la Sentencia del TSJ de la Comunidad Valenciana, de 12 de octubre de 2020, Rec. nº 149/2019, deja sentado, en el caso que analizaba, que: "la totalidad de los servicios se prestan directamente por la demandante, exclusivamente, mediante apartamentos alquilados previamente a sus propietarios, que son gestionados en sus alquileres a los viajeros, limpiados y afrontados gastos de funcionamiento por la demandante, exclusivamente, aunque deba servirse de alguna limpiadora para mantener el apartamento en condiciones óptimas, pero sin la intervención de agencia mayorista alguna" [ECLI:ES:TSJCV:2020:6714 (*Tol 8220808*)].
Pueden verse, también, las Sentencias de la Audiencia Nacional, de 2 de diciembre de 2013, Rec. nº 97/2010 [ECLI:ES:AN:2013:5185 (*Tol 4036768*)], de 15 de julio de 2011, Rec. nº 97/2010 [ECLI:ES:AN:2011:3735 (*Tol 2195921*)], que, a su vez, se remite a lo resuelto en sentencia de 22 de mayo de 2008, Rec. nº 117/2007 [ECLI:ES:AN:2008:2428 (*Tol 5388430*)], en las que se diferencia entre: "las operaciones efectuadas por la recurrente en las que vendía plazas hoteleras a las agencias de viajes minoristas para que estas últimas elaborasen su propio programa y lo vendiesen en su propio nombre a los viajeros, están excluidas de la aplicación del Régimen Especial del Impuesto; a diferencia de aquellas otras operaciones efectuadas por las agencias minoristas en quienes, también en el presente caso, debe entenderse que concurría el presupuesto de aplicación del régimen controvertido, es decir, que actuaban en nombre propio respecto del viajero, al organizar y proyectar por su cuenta y riesgo los viajes, siendo por ello quienes respondían frente a cualquier reclamación o eventualidad surgida al viajero y, en definitiva, siendo responsables últimos del resultado de los servicios prestados".

86 Sentencia de la Audiencia Nacional, de 18 de septiembre de 2008, Rec. nº 41/2007 [ECLI: ES:AN:2008:4517 (*Tol 5265948*)].

En todo caso, resulta ya exigible que el titular del derecho a optar por la renuncia al régimen especial, en esa concreta operación, se cerciore de que quien recibe ese servicio tiene la condición de empresario, a efectos del IVA —aunque no sea, formalmente, una agencia de viajes—.

C.3. TERCERA EXIGENCIA PARA PODER RENUNCIAR AL RÉGIMEN ESPECIAL: EL EMPRESARIO O PROFESIONAL QUE RECIBE LA PRESTACIÓN DEL SERVICIO DEBE TENER DERECHO A LA DEDUCCIÓN –TOTAL O PARCIAL– DEL IVA, O A SOLICITAR SU DEVOLUCIÓN

Otra exigencia, también subjetiva, del artículo 147 de la Ley del IVA es que el destinatario de la prestación del servicio —ese empresario o profesional o sociedad mercantil, que puede ser una "agencia de viajes" minorista— tenga derecho a la deducción del IVA soportado, o que tenga derecho a solicitar la devolución del IVA que se le ha repercutido y que ha tenido que soportar. Por tanto, como decíamos, ese empresario o profesional debe actuar en su condición de tal, y cumplirse, además, esta circunstancia.

En el precepto legal no se especifica si ese derecho a la deducción del IVA soportado o a su devolución, por parte de ese empresario o profesional o entidad mercantil, tiene que ser total o también se acepta que pueda ser parcial. Sin embargo, de la matización que efectúa la propia Exposición de Motivos de la citada Ley 28/2014 —que reformó la Ley del IVA—, puede inferirse que ese derecho a la deducción o a la devolución del Impuesto no tiene que ser necesariamente total, sino que puede ser únicamente parcial —pero no, obviamente, inexistente o improcedente—, pues dice así:

"empresario o profesional que tenga, en alguna medida, derecho bien a la deducción, bien a la devolución de las cuotas soportadas del Impuesto".

Cuestión distinta, no menos importante, es la de decidir el alcance de ese derecho a la deducción o a la devolución del IVA, sea total o parcial, por parte del empresario que recibe la prestación del servicio asociada a un viaje[87].

---

87 Así pues, siguiendo a GÓMEZ ARAGÓN, D., "La renuncia a la aplicación del régimen especial...", *op. cit.*, el requisito de «tener derecho a la deducción o a la devolución del IVA» se cumpliría por: a) el empresario o profesional establecido en el territorio de

Si la renuncia a la aplicación del REAV, por parte del sujeto pasivo del IVA que presta el servicio, debe realizarse operación por operación, podría entenderse que esa alusión legal al derecho a la deducción o devolución del IVA por quien recibe el servicio se vincularía únicamente a esa concreta operación o prestación de servicios de viajes respecto de la cual se ha renunciado a la aplicación del régimen especial del IVA. Es decir, se exigiría que el destinatario de esa concreta prestación de servicios pudiera deducirse el IVA, u obtener su devolución, devengado por esa concreta operación, independientemente de que, quizás, lleve a cabo actividades o servicios que generen derecho a la deducción del IVA en esos casos.

Entendemos que no es ésta la interpretación correcta, si se atiende a propia finalidad de la previsión normativa, a la salvaguarda del principio de neutralidad y a que se persigue una simplificación en la gestión de este Impuesto en un sector de negocio de este ámbito económico relacionado con la organización de viajes o circuitos turísticos. Por tal conclusión se decanta, también, Gómez Aragón[88], al considerar que esa alusión legal al "derecho a la deducción o a la devolución del IVA" no puede entenderse realizado a que esa concreta opera-

---

aplicación del IVA español que resulte obligado a presentar autoliquidaciones periódicas, y que, de conformidad con el Capítulo I del Título VIII de la Ley del IVA, tenga subjetivamente un genérico derecho a la deducción «en» el IVA español (artículo 93 Ley del IVA), por efectuar cualesquiera de las operaciones referidas en el artículo 94 de dicha Ley, y cuya realización le origina subjetivamente tal derecho; b) el empresario o profesional no establecido en el territorio de aplicación del IVA español, pero establecido en el territorio de aplicación del IVA de otro Estado miembro de la Unión Europea, o en Canarias, Ceuta o Melilla, que no esté obligado a presentar autoliquidaciones periódicas por el IVA español pero que, según el artículo 119 de la LIVA, tenga subjetivamente un genérico derecho a la devolución en el IVA español según el procedimiento regulado en dicho artículo; c) el empresario o profesional que no esté establecido en el territorio de aplicación del IVA español (ni en el territorio de aplicación del IVA de otro Estado miembro de la Unión, ni tampoco en Canarias, Ceuta o Melilla), pero que esté establecido en alguno de los concretos países terceros respecto de los que existe un reconocimiento de la «reciprocidad de trato» a que se refiere el artículo 119 bis de la Ley del IVA (Canadá, Israel, Japón, Mónaco, Noruega, Suiza), y que no esté obligado a presentar autoliquidaciones periódicas por el IVA español pero que, según lo previsto en el artículo 119 bis de la LIVA, tenga subjetivamente un genérico derecho a la devolución en el IVA español precisamente por la existencia del referido reconocimiento de reciprocidad de trato y según el procedimiento previsto en dicho artículo.

88 GÓMEZ ARAGÓN, D., "La renuncia a la aplicación del régimen especial...", *op. cit.*

ción, y a esa específica cuota del IVA que gravará esa prestación del servicio respecto de la que el sujeto pasivo opta por renunciar a la aplicación del régimen especial, para que se liquide según el régimen general, tenga derecho a la deducción o a la devolución de la cuota del IVA, sino que debe interpretarse que el precepto quiere referirse a un genérico y subjetivo derecho a la deducción o devolución "en" el IVA español por el empresario o profesional que recibe o es destinatario de la operación, según lo previsto en el Título VIII de la LIVA. Los casos en que se aprecia la concurrencia de este derecho serían los siguientes, según este autor:

- Empresario o profesional que tenga derecho a la deducción "en" el IVA español —art. 93 LIVA—, al llevar a cabo las operaciones del art. 94 LIVA cuya realización le generan el derecho a deducir, independientemente de que tenga que cumplir el resto de requisitos previstos en el Capítulo I del Título VIII de la LIVA. Se trata de empresarios o profesionales que están obligados a presentar la autoliquidación periódica del IVA, porque están establecidos en el territorio de aplicación del Impuesto (en adelante, TAI), o que no lo están, pero tienen obligación de presentación por la conexión de las actividades que llevan a cabo con el territorio.
- Empresario o profesional que no resulta establecido en el TAI español, pero sí en cualquier otro territorio de otro Estado miembro de la Unión Europea, Ceuta, Melilla o Canarias, y aunque no resulta obligado a presentar autoliquidaciones periódicas del IVA, le resulta de aplicación el régimen especial de devoluciones a empresarios o profesionales no establecidos en el territorio de aplicación del Impuesto pero establecidos en la Comunidad, Islas Canarias, Ceuta o Melilla, regulado en el art. 119 LIVA. Abarcaría, por tanto, a casi todos los empresarios o profesionales que se hallen en cualquiera de esos lugares —salvo algún profesional médico o sanitario, como el caso anterior—.
- Empresario o profesional no establecido en el TAI español, ni en otro Estado miembro de la UE, Canarias, Ceuta y Melilla, pero que sí que se halla establecido en otro Estado tercero respecto de los que existe reciprocidad de trato a favor de los empresarios o profesionales establecidos en el territorio de aplicación del impuesto, Islas Canarias, Ceuta y Melilla —art. 119.bis LIVA—, que, no estando obligado a presentar autoliquidaciones periódicas de IVA español, sin embargo tiene derecho a la deducción del IVA español por la aplicación de esas reciprocidad de trato prevista en el

citado precepto —Canadá, Israel, Japón, Mónaco, Noruega, Suiza, Reino Unido de Gran Bretaña e Irlanda del Norte—[89].

No está de más reflejar que se está condicionando la posibilidad de optar por la aplicación de uno u otro régimen fiscal al cumplimiento de determinados requisitos, no por parte del sujeto pasivo del IVA y titular del derecho a decidir, sino por parte del destinatario de la prestación de servicios —de manera destacada, se exige que tenga derecho a la deducción o devolución del IVA—. Y, aunque se trata de una exigencia lógica en la dinámica de la aplicación del IVA en estos casos, y es la finalidad perseguida con esta concreta opción por la aplicación de uno u otro régimen fiscal, no deja de ser paradójico exigir al empresario que presta el servicio, y es sujeto pasivo del IVA, que tenga que conocer si el cliente a quien se va a prestar el servicio cumple, o no, dichas exigencias —que, además, es quien, al fin y al cabo, tiene interés en que el sujeto pasivo renuncie al régimen especial para poder deducir el IVA soportado en esa prestación de servicios—.

Obviamente, el necesario cumplimiento de este requisito exigirá, de suyo, que la agencia de viajes, sujeto pasivo del IVA, a la sazón titular del derecho de optar por la renuncia al régimen especial en esa concreta operación, tenga que confirmar, con el destinatario de la prestación del servicio a quien se le repercutirá el IVA, en su caso, si cumple, o no, con los requisitos que permiten aplicar esa opción, y, especialmente, si tiene derecho a esa deducción o devolución del IVA.

Al efecto, esa confirmación puede llevarse a cabo mediante la firma del correspondiente documento en el que se deje constancia expresa de la concurrencia de dicha circunstancia para que el sujeto pasivo que presta el servicio pueda disponer fehacientemente de tal confirmación, o, en su caso, que se deje constancia de ello en cada factura que se emita, reflejando que el destinatario de la factura tiene derecho a la deducción o deducibilidad del IVA y cumple los requisitos exigidos normativamente, amén del reflejo del ejercicio de la opción —como analizaremos—.

---

89 Vid., por ejemplo, la Resolución del TEAC, de 20 de septiembre de 2021, RG 4287/2019, sobre la inexistencia del reconocimiento de esta reciprocidad de trato respecto de Estados Unidos, país en el que tiene su domicilio la entidad solicitante, por lo que no se cumple una de las condiciones previstas en el art. 119.bis de la Ley del Impuesto para tener derecho a la devolución. Vid. la Resolución de la Dirección General de Tributos, de 4 de enero de 2021, sobre la devolución del IVA a los empresarios o profesionales establecidos en los territorios del Reino Unido de Gran Bretaña e Irlanda del Norte (BOE núm. 4, de 5 de enero de 2021).

C.4. CUARTA EXIGENCIA PARA RENUNCIAR AL RÉGIMEN ESPECIAL: LA "COMUNICACIÓN ESCRITA" DE LA RENUNCIA AL RÉGIMEN ESPECIAL SUPONE EL EJERCICIO DE UNA "OPCIÓN TRIBUTARIA" *SUI GENERIS* —EX ART. 119.3 LGT—

El artículo 147 de la Ley del IVA no regula la forma en que tiene que realizarse la renuncia al REAV, y la correlativa decisión por la aplicación del régimen general del IVA a esa concreta operación, sino que, expresamente, efectúa una remisión genérica a lo que establezca la norma reglamentaria. Con ello se cubre, siquiera sea mínimamente, la exigencia de determinación legal de las obligaciones tributarias formales, como resulta del art. 31.3 CE y art. 29.3 LGT[90].

El artículo 33.3 del RIVA establece, en su Título VIII —dedicado a los regímenes especiales—, un Capítulo I (dedicado a las normas generales"), en el que se recoge la "*Opción y renuncia a la aplicación de los regímenes especiales*". Sin embargo, limita su aplicación a aquellas "*opciones y renuncias previstas en el presente artículo, así como su revocación*"[91], que deberán observar lo previsto en el Reglamento General de las actuaciones y procedimientos de gestión e inspección tributaria y de desarrollo de las normas comunes de los procedimientos de aplicación de los tributos, aprobado por el Real Decreto 1065/2007, de 27 de julio, cfr. arts. 9 y 10 (en adelante, RGIT). Por tanto, ninguna de sus previsiones resulta de aplicación a la opción por la renuncia al REAV.

En la materia que nos ocupa, la normativa reglamentaria aplicable es la prevista en el citado Título VIII, Capítulo V, del RIVA, cuando regula el "Régimen especial de las Agencias de Viajes". En su artículo 52, dicho Reglamento establece la "*Opción por la aplicación del régimen general del Impuesto*". Su dicción es la siguiente:

---

90 No está de más recordar que el artículo 31, apartado 3, de la Constitución exige que: "Sólo podrán establecerse prestaciones personales o patrimoniales de carácter público con arreglo a la ley". Y, el apartado 3 del art. 29 LGT, al regular las obligaciones tributarias formales, determina que: "3. En desarrollo de lo dispuesto en este artículo, las disposiciones reglamentarias podrán regular las circunstancias relativas al cumplimiento de las obligaciones tributarias formales".

91 Las opciones, renuncias y revocación previstas en dicho precepto son: los regímenes especiales simplificado y de la agricultura, ganadería y pesca; al régimen de estimación objetiva del IRPF y al régimen especial de los bienes usados, objetos de arte, antigüedades y objetos de colección.

"La opción por la aplicación del régimen general del impuesto a que se refiere el artículo 147 de la Ley del Impuesto, se practicará por cada operación realizada por el sujeto pasivo. Dicha opción deberá comunicarse por escrito al destinatario de la operación, con carácter previo o simultáneo a la prestación de los servicios de hospedaje, transporte u otros accesorios o complementarios a los mismos. No obstante, se presumirá realizada la comunicación cuando la factura que se expida no contenga la mención a que se refieren los artículos 6.1.n) y 7.1.i) del Reglamento por el que se regulan las obligaciones de facturación, aprobado por el Real Decreto 1619/2012, de 30 de noviembre".

Este precepto reglamentario regula las formalidades que debe cumplir esa decisión de renunciar a la aplicación del régimen fiscal especial del IVA para determinadas operaciones de las "agencias de viaje" —art. 147 Ley IVA—.

Como veremos seguidamente, el régimen jurídico de las obligaciones formales previsto en el citado precepto reglamentario trata de ser muy flexible y, a su vez, muy sencillo, no sólo por las escasas exigencias previstas sobre el modo en que puede llevarse a cabo, sino también por la flexibilidad que introduce respecto del momento en que se tiene que efectuar dicha renuncia, así como por la facilidad establecida en la manera de realizarla.

En ese sentido, conviene llamar la atención sobre la no coincidencia entre el momento en que el empresario o empresa que lleva a cabo prestaciones de servicios relativos a viajes o circuitos turísticos que opte por aplicar el régimen general en una concreta operación, y el momento en que tiene que efectuar la renuncia al régimen especial. Si ha optado por la renuncia a dicho régimen especial en una concreta operación del modo en que seguidamente analizaremos, las cuotas de IVA soportadas en la adquisición o de los bienes y servicios que se destinen a esos servicios de viajes no podrán ser deducidas en ese momento en que se prestan, sino que su deducción se difiere al tiempo en que se devenga el Impuesto relativo a esa concreta operación. Así, en principio, las cuotas soportadas de IVA deben resultar sujetas a la regla general de no deducibilidad del régimen especial, y únicamente cuando se devenga el Impuesto, por aplicación del régimen general, al renunciar al régimen especial, es cuando nace el derecho a su deducción.

La agencia de viajes que presta el servicio, sujeto pasivo del IVA, es la que tiene la facultad de decidir, libremente, la aplicación de uno u otro régimen fiscal, general o especial, a cada una de las prestaciones de servicios que lleve a cabo —si se cumplen las restantes exigencias legales y reglamentarias—. Insistimos, no se trata de una opción que condiciona el régimen tributario de esas operaciones durante un período impositivo, ni siquiera una decisión que pueda afectar a todas las prestaciones de servicios de hospedaje y/o transporte —y los accesorios o complementarios— que esa misma empresa realice cuando concurran esos requisitos, ni tampoco una elección que deba aplicarse a todas las operaciones realizadas con el mismo cliente. Será una decisión que tendrá que ser tomada respecto de cada una de las operaciones que lleve a cabo, y para cada uno de los empresarios a los que se preste el servicio.

Siendo ello así, resulta oportuno atender a si esa posibilidad de decidir la aplicación, en cada operación, del régimen general o del régimen especial en el IVA para estas prestaciones de servicios, puede considerarse como una "opción" tributaria, con las consecuencias que a ello se anudan.

C.4.1. LA RENUNCIA COMO EJERCICIO DE UNA "OPCIÓN TRIBUTARIA" *EX* ART. 119.3 LGT

El artículo 52 del Reglamento del IVA califica, expresamente, como "*Opción*" a esa posibilidad de aplicar el régimen general del Impuesto —y no el régimen especial en el IVA—, y, de hecho, su propia dicción comienza aludiendo a la "*La opción por la aplicación del régimen general del impuesto a que se refiere el artículo 147 de la Ley del Impuesto*".

Partiendo de que, con la utilización de este término, es evidente que el precepto reglamentario está introduciendo la posibilidad de elegir entre dos regímenes fiscales concretos —el general, y el especial—, debemos plantearnos si esa referencia normativa ha sido utilizada consciente y voluntariamente para que, en su caso, le resulte de aplicación la única referencia que establece la Ley General Tributaria en relación con el momento en que puede rectificarse el ejercicio de una "opción".

El artículo 119 LGT, al regular qué es una "declaración tributaria", establece una previsión, introducida con la aprobación de la Ley 58/2003, de 17 de diciembre, General Tributaria —en vigor desde el 1 de julio de 2014—, muy criticada[92], doctrinal y jurisprudencialmente, por su indefinición.

92 Resulta especialmente significativa la cita de la crítica que efectuó la Sentencia del Tribunal Supremo, de 3 de junio de 2019, Rec. nº 84/2018: "Hoy es sentir común la profunda inseguridad jurídica e incertidumbre social provocada, entre otros factores, por la imprecisión de las normas jurídicas. Lo que se manifiesta de manera muy significativa en el ámbito fiscal. Cabe observar en la elaboración normativa, con habitualidad, la uti-

Viene siendo una opinión doctrinal compartida, la censurable inexistencia de una regulación normativa, siquiera mínima, que aporte un concepto y delimite los contornos de lo que se considera como "opción tributaria". Y ello, a pesar de que, a lo largo y ancho de las normas que regulan los diferentes Impuestos —y, de manera especial, en el Impuesto sobre el Valor Añadido—, son numerosas las previsiones que dejan en manos del obligado tributario la posibilidad de decantarse por una u otra decisión a la hora de cumplir con la obligación de declarar el Impuesto afectado, incidiendo, en algunos casos de manera sobresaliente, en la determinación de la capacidad económica que va a resultar sometida a gravamen, en cada caso, sea presente o futura.

Valga la pena citar, como meros ejemplos de posibilidades de elección en el marco de los diferentes tributos, la tributación individual o conjunta en el IRPF —art. 83 LIRPF—; la aplicación del régimen de determinación de la base imponible mediante el sistema de estimación directa o la estimación por signos índices o módulos, todos ellos en el IRPF —arts. 30 y 31 Ley IRPF—; la aplicación del criterio del devengo o de caja[93]; la tributación por el régimen de entidades dedicadas al arrendamiento de vivienda —art. 48 LIS—; la opción por la aplicación del régimen fiscal especial de las entidades sin fines lucrativos[94]; la renuncia a la exención en el IVA de las operaciones inmobiliarias, la tributación por el régimen especial del grupo de entidades (art. 163.1.quinquies LIVA) o, en fin, esta elección entre el régimen general o especial del IVA, entre otros casos, en las operaciones llevadas a cabo por agencias de viaje, que es el caso que nos ocupa.

---

lización de conceptos y categorías perfectamente definidos y delimitados por la ciencia jurídica tributaria, que en su desarrollo en el texto normativo delimitan contornos que se alejan del concepto o categoría enunciado para terminar definiendo o mostrando una figura fiscal distinta. A veces, parece que dicha técnica responde a meras lagunas o a propias complejidades conceptuales de una determinada figura tributaria, otras, sin embargo, descubren una finalidad directamente dirigida a salvar obstáculos que harían inviable su aplicación. No resulta extraño comprobar cómo se presentan como impuestos lo que constituyen verdaderas tasas o viceversa, o como se juega con la imposición directa o indirecta, o con los tributos extrafiscales, por ejemplo". [ECLI:ES:TS:2019:1740 (*Tol 7271656*)].

93 Vid. la Sentencia del Tribunal Supremo, de 3 de noviembre de 2022, Rec. nº 2699/2021 [ECLI:ES:TS:2022:4374 (*Tol 9310545*)].

94 Vid., en relación con la opción por solicitar la exención en el IBI de este tipo de entidades, la Sentencia del Tribunal Supremo, de 4 de octubre de 2022, Rec. nº 3075/2020 [ECLI:ES:TS:2022:3582 (*Tol 9260003*)].

Resulta censurable, aunque no sorprendente, que el Legislador haya cerrados los ojos a la trascendencia de esta figura jurídica, haya permitido un terreno abonado a la inseguridad jurídica[95], y no haya acometido una reforma normativa, introduciendo, en la Ley General Tributaria, una regulación suficiente de su marco normativo. Silencio del legislador que, sin embargo, contrasta con la importancia que presenta para determinar la cuantía del gravamen de la capacidad económica, para el ejercicio de principios basilares del ordenamiento tributario (como el de neutralidad en el IVA o de regularización íntegra), y, en suma, para el ejercicio de los derechos de los obligados tributarios. Sobre todo, si tenemos en cuenta, además, la diversidad de exigencias y requisitos, sustanciales y formales, que presentan las distintas posibilidades de elección que tienen cabida en las regulaciones de los diferentes Impuestos —en todo caso, irreconducibles a la unidad[96]—; establecidas, a buen seguro, en cada caso, en función de la especialidad de finalidades que, con cada una de ellas, se quieran lograr[97], que pueden ser muy diversas[98] .

---

95 COMPAÑ PARODI, T., "Los difusos contornos de la figura de la opción tributaria y su incidencia en la seguridad jurídica de los contribuyentes", *Seguridad jurídica y derecho tributario: presente y futuro*, Aranzadi, Pamplona, 2019, págs. 153-170.

96 Un estudio detallado del tema, reflejando las diferentes situaciones jurídicas y aristas problemáticas que presentan las previsiones normativas de los distintos impuestos, tanto desde un punto de vista sustancial como formal, puede verse en COMPAÑ PARODI, T., *Las opciones tributarias en el ordenamiento español. Op. cit.,* 2018. Para esta autora, pág. 95, las notas esenciales que caracterizan a las opciones tributarias son: su expresa previsión normativa, su vinculación a un deber tributario u obligación tributaria preexistente, la concurrencia de dos o más alternativas, la existencia de una alternativa subsidiariamente aplicable con carácter imperativo, el efecto vinculante y la finalidad tributaria de la opción.

97 De hecho, como critica MALVÁREZ PASCUAL, L. A., "Las exigencias formales para el ejercicio de opciones fiscales. Estudio de su régimen jurídico a la luz del principio de proporcionalidad", *Revista Técnica Tributaria*, nº 88, 2010, pág. 29, "No existe, pues, una regulación general de los deberes formales que condicionan el ejercicio de este tipo de situaciones jurídicas en derecho tributario. Por tanto, la regulación del ejercicio de las mismas, y, en particular, la determinación de las consecuencias derivadas de su falta de cumplimiento o cumplimiento tardío, se deberán determinar en el ámbito de la normativa especial que regula cada una de estas situaciones jurídicas". Vid., también, CAYÓN GALIARDO, A., "Los efectos del incumplimiento de las condiciones y requisitos exigibles para el ejercicio de derechos y opciones por parte del contribuyente", *Revista Técnica Tributaria*, nº 85, 2009.

98 Por ejemplo, JUAN LOZANO, A. M., "De nuevo sobre las opciones tributarias: Los límites del artículo 119.3 LGT y el principio de capacidad económica; aspectos

Tan chirriante mutismo, por deficiente, generador de innumerables controversias de hondo calado dogmático y práctico, ha tenido que ser solventado por sucesivos pronunciamientos jurisprudenciales —no siempre coincidentes ni homogéneos—, sobre todo, del Tribunal Supremo, que permiten apreciar una evolución significativa. Así, desde unas primeras decisiones —sobre todo, de la Administración tributaria y de los Tribunales Económico-administrativos— partidarias de una interpretación limitativa de las posibilidades de rectificación de la aplicación de una opción ya ejercitada, coherente con una lectura restrictiva de las exigencias formales, plazos y aspectos similares[99] de esta figura, se ha ido caminando, progresivamente, hacia unas decisiones que se decantan por deslin-

---

pendientes en la jurisprudencia", *El Derecho*, Tribuna, 06-11-2017, refleja que: "No es únicamente la mayor o menor recaudación resultante de la aplicación de la norma el interés presente, sino que hay otros intereses en juego que han sido valorados por el legislador desde la óptica de los principios de justicia tributaria otorgando justificación y fundamento al establecimiento de la opción. Por ejemplo, en la opción entre tributación conjunta y separada en el IRPF sigue presente la especial protección a la familia; en las opciones por los criterios de imputación temporal se atiende a otros intereses financieros y contables no reducidos a minimizar el pago del impuesto; cuando se establece en el IRPF la alternativa entre la aplicación de la exención por reinversión en vivienda habitual o de la deducción de la cuota se considera la adopción y planificación de las decisiones de inversión en este bien esencial; la aplicación de los regímenes especiales en los procesos de reestructuración de empresas supone considerar la alternativa del diferimiento de impuestos como factor de viabilidad de la actividad económica; en la opción entre la aplicación de la estimación directa y las estimaciones objetivas se atiende tanto a los costes de cumplimiento de las obligaciones contables y formales por la pequeña empresa como a la generalización del cumplimiento de las obligaciones en términos de facilitación de su control por la Administración, etc. Es la valoración que el legislador realiza de los distintos intereses en juego lo que justifica el establecimiento en la Ley, y sólo en la Ley, de opciones tributarias cuyo ejercicio supone una cuantificación de la obligación tributaria como elección entre dos alternativas. Y también es el legislador tributario el que ha otorgado trascendencia a la voluntad del obligado tributario en orden a dicha elección".

99 En este sentido, CORDERO GONZÁLEZ, E. M., "Las opciones tributarias: su ejercicio y rectificación en la reciente jurisprudencia y doctrina administrativa", *Retos del derecho financiero y tributario ante los desafíos de la economía digital y la inteligencia artificial*. Tirant lo Blanch, Valencia, 2021, pág. 667, denuncia el deficiente marco normativo y la aplicación automática e incondicional que la doctrina administrativa y jurisprudencia ha venido realizando del art. 119.3 LGT para impedir rectificar las opciones ejercidas transcurrido el período voluntario de declaración, generando, pág. 669, gran inseguridad jurídica y abundante litigiosidad.

dar entre lo que supone propiamente su consideración como "opción" —en los términos y con las restricciones establecidas en el art. 119.3 LGT— de lo que implica el ejercicio de un derecho de elección o de aplicación de un beneficio o deducción fiscal[100], y, sobre todo, relajando la tajante limitación a la posibilidad de modificación de la opción ejercitada, como veremos.

La Ley General Tributaria no quiere aportar un concepto de "opción tributaria" que delimite los contornos de su régimen jurídico, ni identificar expresamente aquellas previsiones que deban considerarse como tales en la normativa que regula cada tributo, sino que únicamente alude, en el art. 119.3 LGT[101], a:

i) La existencia de unas "opciones (que) según la normativa tributaria"

ii) Se deben "ejercitar, solicitar o renunciar"

iii) Esa decisión se tiene que realizar presentando una "declaración"

iv) Y, decisivamente —siendo el perno sobre el que gira toda la problemática asociada a esta figura—, se impide su rectificación una vez ya presentada la declaración

v) Estableciéndose una única excepción: que la rectificación se presente dentro del período de tiempo que se fije reglamentariamente para presentar la declaración[102].

---

100 Por citar solo un ejemplo, la Sentencia del TSJ Canarias, de 17 de julio de 2023, Rec. nº 15550/2022 (ECLI:ES:TSJGAL:2023:5550), no considera que tiene la condición propiamente de una "opción" el error invocado con respecto a la casilla de renuncia a la devolución del importe a favor del Tesoro Público, pues afirma que, "mantener que el lance de decidir entre la "renuncia a la devolución" o la "devolución por transferencia" constituye el ejercicio de una opción tributaria supone asumir una visión extraordinariamente generosa de lo que ha de entenderse por tal, que puede, incluso, difuminar los perfiles que la seguridad jurídica reclama de las categorías tributarias".

101 El artículo 119 LGT establece: "3. Las opciones que según la normativa tributaria se deban ejercitar, solicitar o renunciar con la presentación de una declaración no podrán rectificarse con posterioridad a ese momento, salvo que la rectificación se presente en el período reglamentario de declaración".

102 Tanto la Norma Foral 6/2005, de 28 de febrero, General Tributaria de Álava, en su art. 115.3, como el art. 115.3 de la Norma Foral 2/2005, de 8 de marzo, General Tributaria del Territorio Histórico de Gipuzkoa, y el art. 117.3 de la Norma Foral 2/2005, de 10 de marzo, General Tributaria del Territorio Histórico de Bizkaia, establecen que: "Con carácter general, las opciones que según la normativa tributaria se deban ejercitar, solicitar o renunciar con la presentación de una declaración no podrán rectificarse con

En primer lugar, y quizás eso sirve de excusa a la propia LGT para no aportar mayores luces sobre esta figura tributaria, no se establece un concepto sustantivo de "opción tributaria" pues parece remitir, en términos ciertamente amplios y genéricos, a la regulación que, en cada caso, establezca la previsión normativa del correspondiente impuesto sobre el ejercicio y demás circunstancias en que debe desenvolverse esa decisión electiva[103]. Pero con el hándicap, como decíamos, de que: i) en ningún precepto se determina cuándo nos hallamos propiamente ante una "opción" tributaria, o no[104], ni si la libertad de elección tiene que imbricarse

---

posterioridad a ese momento, salvo que la rectificación se presente en el período de declaración. No obstante, la normativa reguladora de cada tributo podrá establecer otro momento o período diferente de rectificación, en las condiciones que se especifiquen en la misma". Por tanto, permiten expresamente que la regulación de cada impuesto fije cualquier previsión que modifique, con carácter previo o posterior, la posibilidad de rectificar la opción ejercitada, como la de que también se especifiquen las condiciones de su ejercicio. Y, a tal fin, se viene utilizando la normativa del IRPF (v.gr. art. 128 de la Norma foral 37/2013, de 13 de diciembre, del Impuesto sobre Sociedades de Álava; art. 128 de la Norma Foral 2/2014, de 17 de enero, del Impuesto sobre Sociedades del Territorio Histórico de Gipuzkoa y art. 128 de la Norma Foral 11/2013, de 5 de diciembre, del Impuesto Sobre Sociedades de Bizkaia) para aportar una relación de materias que sí que permiten el ejercicio de la opción en este Impuesto.

103 De hecho, MENÉNDEZ MORENO, A., "Derechos y opciones en materia tributaria (I). En la dogmática jurídica", *Quincena fiscal*, 11, 2022, BIB 2022\1970, considera que: "las normas idóneas para la regulación de los derechos de opción de cada figura tributaria son las reguladoras de cada una de ellas". Vid., también, GÓMEZ TABOADA, J., "Las opciones tributarias: cuando la tierra se abre bajo nuestros pies", *Quincena fiscal*, nº 5, 2012, pág. 38.

104 Por ejemplo, JUAN LOZANO, A. M., "Algunos interrogantes respecto a la identidad del procedimiento de inspección: cuestiones funcionales, temporales y estructurales", *V Congreso Tributario: cuestiones tributarias problemáticas y de actualidad*. CGPJ-Escuela Judicial, Estudios de Derecho Judicial, nº 156, 2010, pág. 157, considera que hay que atender a la estructura de la norma para poder hablar de una opción, lo que sucederá cuando "la subsunción del presupuesto de hecho real bajo el presupuesto de hecho normativo no conduce necesariamente a una consecuencia jurídica, sino a una opción o elección del obligado tributario de la consecuencia jurídica aplicable de entre las posibles". Para COMPAÑ PARODI, T., *Las opciones tributarias en el ordenamiento español. Op. cit.*, pág. 95, nos hallamos ante una opción tributaria cuando se produce "una disyuntiva normativamente establecida al objeto de dar cumplimiento a alguno de los fines contemplado en el ordenamiento tributario y, en virtud de la cual, los sujetos incluidos en el ámbito de aplicación de dos o más disposiciones o de dos o más regímenes tributarios, de incompatible aplicación simultánea, quedan facultados para escoger una

en una decisión relativa al hecho imponible, al sujeto pasivo, a los elementos que determinan la base imponible y fijan la cuantía de la capacidad económica gravada, o a otros elementos esenciales del tributo, y, ii) además, de que tampoco resulta siempre clara la dicción de los preceptos contenida en los respectivos impuestos.

Ante el silencio de la LGT, será necesario atender a la Ley y Reglamento del respectivo Impuesto que otorgue al obligado tributario la posibilidad de optar por una elección u otra —que también venga fijada en la propia normativa del tributo—, aunque no sea calificada propiamente como "opción", ni utilice esa expresión en su regulación, y atender a las condiciones y circunstancias objetivas, subjetivas, materiales y temporales que resultan determinantes de esa decisión y que condicionan su ejercicio. Para ello, obviamente, resultarán decisivos los referentes en que anclar el concepto sustantivo de "opción tributaria", fijados por el Tribunal Supremo, al suplir el silencio normativo. En nuestro caso, el artículo 53 del RIVA establece esas concretas previsiones formales sobre el ejercicio de esa decisión fiscal por parte del sujeto pasivo.

En segundo lugar, el art. 119.3 LGT sigue aludiendo a que esa decisión que opta por la aplicación de un régimen tributario u otro no es automática, sino que se debe "ejercitar, solicitar o renunciar", lo cual significa tanto como reconocer, legalmente, que la elección tiene que ser consciente y voluntaria, pues, de lo contrario, no se estaría llevando a cabo su ejercicio, su solicitud o su renuncia.

La amplitud con que viene redactada esta parte del precepto da idea de que será, entonces, la normativa reguladora del Impuesto de que se trate la que determinará, en cada caso, el modo y manera de hacer efectiva esa decisión con efectos fiscales, pues, en unos casos, podrá concretarse en el "ejercicio" de la decisión entre la alternativa de régimen tributario establecida; en otros casos, esa preferencia en la tributación se tendrá que reflejar en una solicitud, en una comunicación o en la presentación de una declaración censal; o, en su caso, la elección podrá hacerse efectiva mediante la renuncia a la aplicación de unas concretas previsiones fiscales.

En tercer lugar, el citado precepto legal concreta de qué manera o cómo debe llevarse a cabo esa decisión, pues alude, expresamente, a que esa elección se tie-

---

de tales alternativas, siendo la elección o la falta de ella vinculante tanto para la administración como para los obligados tributarios legitimados a efectuarla y, en su caso, para otros obligados afectados por la misma".

ne que realizar presentando una "declaración". En este sentido, el Tribunal Supremo, en la Sentencia de 22 de noviembre de 2017[105], evitó que se limitase la posibilidad de ejercicio de la opción únicamente al caso de las "declaraciones", y no a las autoliquidaciones —que no son sino una modalidad de aquellas, de conformidad con el art. 120.1 LGT: "Las autoliquidaciones son declaraciones..."—, no pudiendo supeditarse el ejercicio de una opción, según el Tribunal, al instrumento formal en que se plasme la decisión[106]. Incluso, en posteriores pronunciamientos —Sentencias de 30 de noviembre de 2021, Rec. nº 4464/2020, de 2 y 3 de diciembre de 2021 y de 25 de abril de 2023, Rec. nº 511/2023—, el Tribunal Supremo denuncia que, el silencio de la LGT y de sus reglamentos de desarrollo a la hora de definir el concepto jurídico de "opciones tributarias" a las que se refiere el art. 119.3 LGT, contrasta con la circunstancia de que ese mismo precepto, en su apartado primero, se encarga de definir lo que es "declaración tributaria".

Y, en cuarto lugar, siendo la previsión más cuestionada y la causante del embrollo jurídico alrededor de estas opciones tributarias, el art. 119.3 LGT limita, temporalmente, el momento en que puede ejercitarse el derecho a rectificar la opción adoptada, y lo reduce, única y exclusivamente, al "*período reglamentario*

---

105 Sentencia de 22 de noviembre de 2017, Rec. nº 2654/2016 [ECLI:ES:TS:2017:4320 (*Tol 6454465*)]. Al contrario de cuanto habían mantenido las Sentencias de la Audiencia Nacional, de 11 de diciembre de 2020, y de 18 de febrero de 2021, que sí que tenían en cuenta el instrumento formal en el que se reflejaba la decisión de la elección. Así se había pronunciado también MARTÍNEZ MUÑOZ, Y., "Las opciones en la LGT", *Tratado sobre la Ley General Tributaria: homenaje a Álvaro Rodríguez Bereijo*. Aranzadi, Pamplona, 2010 (Tomo II), pág. 430 y ss. Vid. el análisis de esta problemática en CORDERO GARCÍA, E. M., "Compensación de bases imponibles negativas...", *Revista Contabilidad y Tributación*, nº 461-462, pág. 80 y ss., quien trae a colación la Sentencia del Tribunal Supremo, de 15 de octubre de 2020, Rec. nº 1434/2019, que parece mantener también esta distinción [ECLI:ES:TS:2020:3264 (*Tol 8148017*)]. Partidarios de no otorgar relevancia jurídica a esta distinción entre declaración y autoliquidación, MALVÁREZ PASCUAL, L. A., "Las exigencias formales para el ejercicio de opciones fiscales", *op. cit.*, pág. 45; MONTESINOS OLTRA, S., "El concepto de opción tributaria", *Civitas, REDF*, nº 176, 2017, págs. 146 y en "Compensación de bases imponibles negativas...", *op. cit.*, pág. 66; y COMPAÑ PARODI, T., *Las opciones tributarias en el ordenamiento español. Op. cit.,* pág. 183; DELGADO PACHECO, A., y GARCÍA RUIZ, A., "El concepto de opción en la Ley General Tributaria (artículo 119, apartados 3 y 4 de la LGT)", *Papers AEDAF*, nº 16, 2020, pág. 4.

106 Así puede verse en MONTESINOS OLTRA, S., "Compensación de bases imponibles negativas...", *op. cit.*, pág. 68.

de declaración". En este caso, pues, no deja al albur de las normas de cada Impuesto la fijación del plazo para ejercer o modificar la decisión fiscal adoptada, sino que lo concreta expresamente, y lo hace, según opinión común, para dotar de reforzar la aplicación de la doctrina de los actos propios y la vinculación del contribuyente a sus propias manifestaciones de voluntad realizadas dentro del plazo reglamentario de declaración. Esta previsión del art. 119.3 LGT es la que exige conocer cuándo se está ante una "opción" y cuándo no, para aplicar esa limitación temporal decisiva. Digámoslo claramente: el Legislador ha evitado aportar un concepto de "opción tributaria", pero sí que se ha preocupado de concretar, limitándolo, el momento temporal para modificar sus efectos (el plazo reglamentario de declaración) y de asociarle su irrevocabilidad, una vez superado aquel.

Resulta necesario advertir otra consecuencia asociada a tanta indefinición. Podría ocurrir que una de las posibilidades de ejercicio de una opción en un Impuesto determinado tenga previsto un régimen jurídico específico y determinado que condicione su ejercicio, y que no limite el derecho a su rectificación a ese período concreto fijado, en el art. 119.3 LGT, en el "período reglamentario de declaración". O, incluso, que sí que resulte establecido normativamente, pero se haya recogido en una norma reglamentaria —y no en la Ley que regula el tributo concreto—. En esta tesitura, habría que plantearse si la limitación temporal para el ejercicio o modificación de la opción establecida legalmente en el art. 119.3 LGT resulta aplicable, o no, a esas otras decisiones del Legislador —o, incluso, de la normativa reglamentaria que la desarrolla, por remisión de aquella—.

Es más, tan tajante limitación temporal normativa fijada en el art. 119.3 LGT que impide rectificar la opción ya adoptada con posterioridad al plazo de declaración —calificado como "impedimento categórico", por Malvárez Pascual[107]—, se ha visto relajada jurisprudencialmente, en algunos casos, permitiendo su modificación, aun sobrepasado ese período fijado normativamente para la presentación de la correspondiente declaración.

Así, por ejemplo, la Sentencia del Tribunal Supremo, de 24 de marzo de 2021[108], acoge la tesis mantenida por el citado autor, diferenciando si la opción tributaria se ha adoptado atendiendo a circunstancias que ya se han producido

107 MALVÁREZ PASCUAL, L. A., "Las exigencias formales para el ejercicio de opciones fiscales", *op. cit.,* pág. 53 y ss.

108 Sentencia del Tribunal Supremo, de 24 de marzo de 2021, Rec. nº 327/2019 [ECLI: ES:TS:2021:1131 (*Tol 8379156*)].

o cuando el período impositivo incluso ya ha podido concluir (v.gr. tributación individual-conjunta) —pues ello podría denotar la comisión de un error en la elección—, de aquellas otras situaciones en las que la opción implica decidir sobre la aplicación de un determinado régimen fiscal futuro, contingente (v.gr. estimación directa u objetiva) que se halla ínsito en la propia elección.

Pues bien, resulta importante destacar que, progresivamente, se ha venido asentando un principio favorable a la no aplicación restrictiva de la limitación temporal fijada por el art. 119.3 LGT, no sólo por la incertidumbre que genera un régimen jurídico tan endeble —en abierto contraste con la rigidez que denota su propia redacción en cuanto a la posibilidad de rectificación de la opción—, sino porque, en caso de duda, si no aparece claramente delimitada la opción, como para concederle carácter vinculante, debe permitirse no aplicar esa limitación temporal que regula el citado precepto; así lo reflejó la Sentencia del Tribunal Supremo, de 18 de mayo de 2020[109]. Y, también, porque esa rigidez de la irrevocabilidad de las opciones una vez superado ese período de presentación de la declaración debería flexibilizarse en aras de conseguir la virtualidad práctica de otros principios u finalidades —de raigambre constitucional o comunitaria— perseguidas con la introducción de la opción y que encuentren respaldo normativo, como sucedería, por ejemplo, con el principio de neutralidad en el IVA[110] o con los objetivos que persigue el establecimiento de regímenes tributarios opcionales, sea en IRPF, IS o IVA. Fines, con respaldo constitucional o comunitario, que el Legislador debe haber tenido en cuenta, al establecer cada

---

109 Sentencia del Tribunal Supremo, de 18 de mayo de 2020, Rec. nº 5692/2017 [ECLI:ES:TS:2020:1102 (*Tol 7947584*)]. Así se plasma en el citado pronunciamiento jurisprudencial: "Ciertamente la correcta viabilidad de este instituto y su principal consecuencia de la irrevocabilidad, pasa necesariamente por que la opción y las alternativas ideadas legalmente respondan a una delimitación precisa y cierta sobre el ámbito de su aplicación y los efectos derivados. Debe convenirse, también, que amparadas las opciones que ofrece el legislador en el principio de justicia tributaria y la concreción de la efectividad del principio de capacidad económica, podría verse afectada la irrevocabilidad como regla general cuando una modificación de las circunstancias sustanciales determinantes en el ejercicio de la opción afecten a los citados principios".

110 Vid. COMPAÑ PARODI, T., *Las opciones tributarias en el ordenamiento español*. Op. cit., pág. 101 y ss., y también CORDERO GONZÁLEZ, E. M., "Las opciones tributarias: su ejercicio y rectificación...", *op. cit.*, pág. 676. MONTESINOS OLTRA, S., "Compensación de bases imponibles negativas...", *op. cit.*, pág. 81.

concreta opción, para que lleguen a permitir que sea el propio obligado tributario quien decida la carga impositiva que va a soportar en función de su elección.

Si, solo por eso, ya merece una consideración especialmente negativa esa previsión del art. 119.3 LGT —por mucho que se justifique en la vinculación del declarante a sus propios actos y en la confianza legítima generada por la decisión tomada, y se le quiera encontrar asidero en el principio de seguridad jurídica—, también debemos advertir que la misma supone tanto como la privación del ejercicio de un derecho del contribuyente, también recogido en un precepto legal, al impedir la aplicación del procedimiento de rectificación de autoliquidaciones, previsto en el art. 120.3 LGT —que ha sido modificado por la Ley 13/2023, de 24 de mayo[111]—, cuyo alcance temporal abarca el período de prescripción de 4 años. En este sentido, la limitación temporal al ejercicio de la opción, prevista por el art. 119.3 LGT, resulta contradictoria, no sólo con el supuesto de rectificación de autoliquidaciones regulado en el art. 120.3 LGT, sino que, incluso, en ocasiones, puede no coincidir con la propia regulación del concreto supuesto establecido en la norma que fija la opción en el impuesto afectado —y que debería solventarse con la aplicación del brocardo *lex specialis derogat generali*—.

Aplicando estos referentes apuntados, y mientras no se modifique el art. 119.3 LGT[112], nos decantamos por tratar de aportar unas soluciones que, más

---

[111] El artículo 120 de la LGT, en su apartado 3, establece: "*Cuando un obligado tributario considere que una autoliquidación ha perjudicado de cualquier modo sus intereses legítimos, podrá instar la rectificación de dicha autoliquidación de acuerdo con el procedimiento que se regule reglamentariamente* (...)". Los artículos 126 a 129 del RGIT establecen las previsiones sobre el procedimiento para la rectificación de autoliquidaciones, y su artículo 130 recoge las especialidades del procedimiento para la rectificación de declaraciones, comunicaciones de datos y solicitudes de devolución. La Ley 13/2023, de 24 de mayo ha modificado dicho precepto de la LGT estableciendo, en dicho apartado tercero, que: "No obstante, cuando lo establezca la normativa propia del tributo, la rectificación deberá ser realizada por el obligado tributario mediante la presentación de una autoliquidación rectificativa, conforme a lo dispuesto en el apartado 4 de este artículo".

[112] Por ejemplo, DELGADO PACHECO, A., y GARCÍA RUIZ, A., "El concepto de opción en la Ley General Tributaria (artículo 119, apartados 3 y 4 de la LGT)", *Papers AEDAF*, nº 16, 2020, pág. 36, descartan "de salida la solución radical de proponer ahora una eliminación de la figura de las opciones tributarias tal y como esta institución aparece en el artículo 119.3 de la LGT. Creemos más útil en estos momentos buscar esa interpretación equilibrada de la norma" que la cohoneste con el art. 120.3 LGT. Y, en este sentido, propugnan una "noción estrecha de la opción tributaria", entendiendo que no hay opción si no hay elección entre dos alternativas, sino la aplicación pura de la

allá del tenor literal del citado precepto, permitan, sobre todo, la vigencia de los principios, constitucionales o comunitarios, que puedan hallarse detrás de la regulación concreta de cada opción tributaria en la normativa de cada Impuesto.

En primer lugar, fijándonos en la finalidad que persigue el establecimiento de la posibilidad de ejercitar dicha opción, atenderemos a si la opción por la aplicación del régimen general del IVA en una concreta operación, renunciando al régimen especial en ese caso concreto, implica el ejercicio de una "opción tributaria", en el sentido de la expresión utilizada por el art. 119.3 LGT. Y, en segundo lugar, nos detendremos en decidir si, en consecuencia, resultan aplicables, o no, las limitaciones temporales que establece dicho art. 119.3 LGT sobre la rectificación de la renuncia a la aplicación, en esa operación, del régimen fiscal especial previsto en el artículo 147 de la Ley del IVA.

Entendemos que las previsiones del art. 147 LIVA y el art. 52 del Reglamento permiten concluir que, aunque la renuncia a la aplicación del régimen obligatorio especial del IVA es una decisión voluntaria del sujeto pasivo del Impuesto (que presta el servicio, pero que no se va a ver especialmente beneficiado, desde el punto de vista fiscal, por ninguna minoración de su carga fiscal), en la medida en que se tiene que realizar para cada operación —y no con carácter general para todas las prestaciones de servicio que realice la agencia de viajes—, y que el régimen jurídico previsto para optar por dicha renuncia es muy sencillo, la normativa tributaria española lo que pretende es facilitar el ejercicio de esa opción por la renuncia.

Perseguir ese objetivo tiene una finalidad clara: la aplicación del principio de neutralidad del IVA, que, no lo olvidemos, se erige en columna vertebral de este tributo armonizado. Para su consecución, juega un papel determinante el establecimiento de esta posibilidad de renunciar a la aplicación del régimen especial en la concreta prestación del servicio de alojamiento y/o manutención —y accesorios o complementarios—, para que el IVA soportado por un tercero —que recibe la prestación del servicio— pueda ser deducido por ese destinatario de la operación que recibe la factura, en la que incluye y desglosa el IVA correspon-

---

norma fiscal que atribuye una ventaja o un beneficio al contribuyente —lo que sucedería con un beneficio o un gasto—, y exigen que la opción deba ser clara, como también clara debe ser la elección del contribuyente. Vid., asimismo, GÓMEZ TABOADA, J., "Las opciones tributarias: cuando la tierra se abre bajo nuestros pies", *Quincena fiscal*, nº 5, 2012, pág. 55.

diente[113]. Con esta posibilidad normativa española, se aporta una solución jurídica para salvar la posible incidencia negativa del principio de neutralidad en el IVA que supone el REAV, tal y como el mismo ha sido interpretado por el TJUE en relación con el principio de igualdad de trato (sobre todo, en lo referido al tipo de gravamen y la no aplicación, en dicho régimen especial, de la exención prevista para vuelos intracomunitarios) y con la efectividad del derecho a deducir del Impuesto. Aunque, a fuer de precisos, la normativa tributaria española no se ajuste "literalmente" a las previsiones de la Directiva comunitaria, cumple con dicha finalidad y así lo consigue.

En relación con la consideración de dicha renuncia como una "opción tributaria" de las aludidas en el art. 119.3 LGT a esa decisión por la aplicación del régimen general del IVA —y no del REAV— a una concreta operación que, en principio, debía resultar obligatoriamente sujeta a ese régimen especial previsto para las agencias de viajes, debemos analizar la prolija doctrina del propio Tribunal Supremo.

En las Sentencias del Tribunal Supremo, de 30 de noviembre de 2021, de 2 de diciembre de 2021 y de 3 de diciembre de 2021, se critica la parca y equívoca referencia a la existencia de "opciones tributarias" en el controvertido art. 119.3 LGT[114], hasta el punto de censurar la dejadez legislativa con frases tan contun-

---

113 La vigencia y aplicabilidad del principio de neutralidad impositiva en el IVA viene a respaldar la posibilidad de que se pueda efectuar dicha renuncia aunque no se lleve a cabo en el período de declaración del Impuesto, asumiendo un protagonismo similar al del principio de capacidad económica en el razonamiento del Tribunal Supremo en el caso de la compensación de bases imponibles negativas en el Impuesto sobre Sociedades, en las Sentencias de 30 de noviembre de 2021, Rec. nº 4464/2020 [ECLI:ES:TS:2021:4394 (*Tol 8674831*)], de 2 de diciembre de 2021, Rec. nº 4006/2020 [ECLI:ES:TS:2021:4638 (*Tol 8704732*)] y de 3 de diciembre de 2021, Rec. nº 4300/2020 [ECLI:ES:TS:2021:4646 (*Tol 8705019*)]. En ellas, afirmó: "Debe tenerse en consideración que la compensación de bases imponibles es el medio que garantiza que el gravamen de la obtención de renta en el Impuesto sobre Sociedades se produzca de forma correlativa a la capacidad económica de los contribuyentes pues, a estos efectos, constituye un elemento de cuantificación de la base imponible.
De esta manera, se manifiesta la doble dimensión del mecanismo de la compensación de las BIN, pues, por un lado, se configura como un verdadero derecho del contribuyente y, por otro lado, sirve al principio constitucional de capacidad económica (art. 31 CE), como principio de ordenación del sistema tributario"

114 Sentencias del Tribunal Supremo, de 30 de noviembre de 2021, Rec. nº 4464/2020 [ECLI:ES:TS:2021:4394 (*Tol 8674831*)]; de 2 de diciembre de 2021, Rec. nº

dentes y verídicas, que merecen la pena ser reproducidas, siquiera fuera para que su destinatario tomara buena nota de ellas y corrigiera su actitud —circunstancia harto improbable—: "no resulta coherente anudar consecuencias económicas y jurídicas, que pueden resultar altamente desfavorables para el contribuyente, sobre la base de la indefinición y equivocidad que el ordenamiento tributario exhibe con relación a las opciones tributarias, alejadas, por ende, de los parámetros de claridad y precisión exigibles. Pero es que, más allá de las puntuales dificultades que emerjan en la aplicación de determinadas normas y, en definitiva, de los derechos que las mismas alberguen, tal inconcreción conceptual puede generar[115] efectos perjudiciales de magnitud sistémica cuando se trate de interpretar principios de ordenación del sistema tributario —como los de capacidad económica o de equitativa distribución de la carga tributaria— o, en fin, cuando el operador jurídico se enfrenta a la compleja tarea de evaluar principios, referidos ya a la aplicación del sistema tributario como, por ejemplo, el de proporcionalidad".

En estos pronunciamientos, el Tribunal Supremo acude al art. 12 de la LGT, para tratar de aportar una solución a la indefinición normativa que no perjudi-

---

4006/2020 [ECLI:ES:TS:2021:4638 (*Tol 8704732*)], y de 3 de diciembre de 2021, Rec. nº 4300/2020 [ECLI:ES:TS:2021:4646 (*Tol 8705019*)]. Estos pronunciamientos habían estimado que la compensación de bases imponibles negativas en el Impuesto sobre Sociedades es un derecho autónomo y propio de los contribuyentes de dicho Impuesto, que no puede calificarse de opción tributaria del art. 119.3 LGT.

El Tribunal Supremo aporta, en dichas Sentencias de 30 de noviembre y 2 de diciembre de 2021, varios ejemplos que considera que sí que deben considerarse "opción tributaria" en el sentido del art. 119.3 LGT: "Opciones tributarias en el sentido expresado, se encuentran sin dificultad en la Ley 35/2006, de 28 de noviembre, del Impuesto sobre la Renta de las Personas Físicas ("BOE" núm. 285, de 29 de noviembre), como la opción por la tributación conjunta (arts. 83) o la tributación por el Impuesto sobre la Renta de no Residentes (art. 93); en la Ley 27/2014, de 27 de noviembre, del Impuesto sobre Sociedades ("BOE" núm. 288, de 28 de noviembre), como la elección del régimen de entidades dedicadas al arrendamiento de vivienda (art. 48 LIS) o la aplicación del régimen de consolidación fiscal (art. 61 LIS); o, en fin, en la Ley 37/1992, de 28 de diciembre, del Impuesto sobre el Valor Añadido ("BOE" núm. 312, de 29 de diciembre), con relación, por ejemplo, a la aplicación del régimen especial del grupo de entidades (art. 163 quinquies)".

115 Con su habitual lucidez, MENÉNDEZ MORENO, A., "Derechos y opciones en materia tributaria (I). En los pronunciamientos de nuestra jurisprudencia" (I), Quincena fiscal, Nº 9, 2022 (BIB 2022/1342), califica esta expresión de "cierto optimista, puesto que parece estimar que tales efectos aún no se han producido"

que a quien la padece, atendiendo al Diccionario de la Real Academia Española de la Lengua, entre cuyas acepciones se establece que una opción implica "el derecho a elegir entre dos o más cosas, fundado en un precepto legal". Y, con base en ello, sienta una doctrina que exige la concurrencia de dos elementos fundamentales para considerar que una determinada posibilidad de elección alternativa de una decisión con efectos fiscales supone el ejercicio propiamente dicho de una "opción tributaria" —a la que resultará de aplicación el régimen jurídico previsto en el art. 119.3 LGT—:

- el elemento objetivo: la conformación por la norma tributaria de una alternativa de elección entre regímenes jurídicos tributarios diferentes y excluyentes.
- el elemento volitivo o subjetivo: consistente en el acto libre, de voluntad del contribuyente, reflejado en su declaración y autoliquidación.

La concurrencia de ambos elementos en una determinada previsión legal permitirá, aplicando esta doctrina del Tribunal Supremo, aceptar que tiene la condición de "opción tributaria", diferenciándola de aquellos casos —como, por ejemplo, el de la compensación de bases imponibles negativas en el Impuesto sobre Sociedades, o la genérica aplicación de deducciones o beneficios fiscales—, en que los obligados ejercen un "derecho autónomo", cuya regulación no contempla otras alternativas regulatorias diferentes y excluyentes[116]. Esta doctrina ha sido reiterada en dos sentencias posteriores del Tribunal Supremo, de 23 de febrero de 2023[117],

---

116 En este sentido, MENÉNDEZ MORENO, A., "Derechos y opciones en materia tributaria (I). En la dogmática jurídica", *Quincena fiscal*, 11, 2022, BIB 2022\1970, se muestra partidario de considerar que, en el derecho de opción, se puede elegir entre lo dispuesto en una o en otra norma o regulación, mientras que, en los otros derechos, lo que se prevé es la posibilidad de elegir el cumplimiento, o no, de lo dispuesto en una sola norma o regulación.

117 Sentencia del Tribunal Supremo, 23 de febrero de 2023, Rec. nº 6007/2021 [ECLI:ES:TS:2023:648 (*Tol 9437989*)], y Rec. nº 6058/2021 [ECLI:ES:TS:2023:645 (*Tol 9438168*)]. En ellas, el Tribunal considera que el ejercicio del derecho a la deducción del IVA soportado —art. 99.Tres LIVA— no es una opción tributaria que solamente pueda rectificarse en el período de declaración del Impuesto, sino que es un derecho del que se podrá hacer uso incluso una vez vencido el plazo de presentación de la autoliquidación del periodo correspondiente, a través de una solicitud de rectificación de las autoliquidaciones del artículo 120.3 LGT.

y en la de 25 de abril de 2023[118], en las que, además, el Tribunal ha subrayado que el artículo 119.3 LGT no se refiere a cualquiera posibilidad de escoger o elegir —es decir, a un concepto amplio o genérico de opción—, sino sólo a aquellas "opciones que según la normativa tributaria se deban ejercitar, solicitar o renunciar con la presentación de una declaración". Esta dicción del precepto implica, para el Tribunal Supremo, que "esa "normativa tributaria" identifique, primero, que una determinada alternativa que se le presenta o se le ofrece al contribuyente es una verdadera "opción tributaria" y, segundo, que esa opción deba ejercitase, solicitarse o renunciarse a través de una declaración.

Con esta conformación jurisprudencial de las características que tiene que presentar la regulación normativa que permita, al contribuyente, optar por la aplicación de un determinado régimen fiscal u otro, podemos atribuir tal condición de "opción tributaria" —art. 119.3 LGT— a la que permite la renuncia a la aplicación, a una concreta operación, del régimen especial de las agencias de viaje en el IVA, para que resulte sujeta al régimen general. Y ello, no por el hecho de que, en los preceptos legales y reglamentarios, se efectúe una alusión expresa a que se está posibilitando el ejercicio de una "opción" mediante la renuncia a la aplicación, a esa operación concreta, del régimen especial del IVA, sino porque ciertamente se está permitiendo la libre decisión de optar por la aplicación de un régimen fiscal, u otro, y se determina —siquiera sea reglamentariamente— cómo y cuándo debe llevarse a cabo esa decisión y su comunicación al tercero afectado —que es el realmente beneficiado por la opción adoptada por el sujeto pasivo, y quien, a raíz de dicha opción, en tanto que empresario perceptor del servicio, va a poder deducir, en su caso, el IVA soportado en esa concreta operación llevada a cabo—[119].

---

118 Sentencia del Tribunal Supremo, de 25 de abril de 2023, Rec. nº 511/2023 [ECLI:ES:TS:2023:1716 (*Tol 9763875*)]. En ellas, el Tribunal se decanta por considerar que la compensación de bases imponibles negativas por parte de una sociedad, en el Impuesto sobre Sociedades, es un derecho, y no una opción tributaria. Vid., el comentario a estos pronunciamientos judiciales, de GONZÁLEZ APARICIO, M., "El ejercicio de la deducción por las cuotas soportadas de IVA como derecho del contribuyente: Análisis de las Sentencias del TS de 23 de febrero y de 25 de abril de 2023", *Nueva fiscalidad*, nº 2, 2023, págs. 303-316.

119 COMPAÑ PARODI, T., *Las opciones tributarias en el ordenamiento español. Op. cit.*, pág. 173 y ss., donde analiza, con detalle, las diferentes formas de ejercicio de una opción tributaria.

Precisamente, en aplicación de la doctrina fijada por estos pronunciamientos del Tribunal Supremo, el TEAC ha cambiado de criterio en relación con la calificación fiscal de la deducción de las cuotas de IVA soportado, en la Resolución de 24 de octubre de 2023[120]. En ella, se considera que la deducción del IVA soportado se configura como un derecho que se puede ejercitar, siempre que se cumplan todos los demás requisitos para su deducibilidad, en la declaración-liquidación del período en que nace el citado derecho —cuando se devenga el Impuesto—, o en la declaración correspondiente a los sucesivos períodos impositivos, siempre que no hayan transcurrido cuatro años desde el momento del nacimiento del mencionado derecho o, en su caso, de la firmeza de la resolución administrativa o sentencia que decida sobre la procedencia del derecho a deducir o de la cuantía de la deducción —en interpretación conjunta de los arts. 98, 99 y 100 LIVA—.

C.4.2. LA COMUNICACIÓN DE LA RENUNCIA, EN LA FACTURA: UN MODO DE EJERCICIO DE LA OPCIÓN

El artículo 52 del Reglamento del IVA fija el momento en que el prestador del servicio —sujeto pasivo del IVA— tiene que hacer efectiva esa opción por la renuncia al régimen especial del IVA en esa concreta operación: con carácter previo o en el mismo momento en que se lleve a cabo el servicio de hospedaje, transporte u otros accesorios o complementarios a los mismos, emitiéndose la factura y entregándola al destinatario —a quien se repercute el IVA—. Ello implica, de contrario, una limitación normativa expresa a la posibilidad de que se pueda hacer efectiva la opción con posterioridad. Por tanto, dado que el art. 147

---

120 Con esta Resolución del TEAC, de 24 de octubre de 2023, Rec. nº 06065/2021, se deja de considerar como opción, a lo que el Tribunal Supremo ha concebido como derecho. Así venía siendo sostenido por el TEAC, en Resoluciones de 21 de enero de 2016 (RG 00-09637-2015) y de 20 de enero de 2022 (RG 00-01035-2019), entre otras, el siguiente criterio: "La inclusión de las cuotas de IVA soportadas en la autoliquidación correspondiente a un período de liquidación constituye una opción, en el sentido que el contribuyente facultativamente puede optar por ejercer el derecho a la deducción en el período en el que se soportaron las cuotas o en cualquiera de los posteriores. Dicha opción no es susceptible de modificación una vez vencido el plazo de presentación de la autoliquidación de ese período, sin perjuicio del ejercicio de ese derecho en las siguientes de conformidad con el artículo 99.3 de la Ley 37/1992, de 28 de diciembre, reguladora del Impuesto sobre el Valor Añadido."

LIVA establece que esa opción se tiene que ejercitar para cada concreta operación, ello comporta que se efectúa con carácter previo a la propia autoliquidación del tributo.

Si el Tribunal Supremo, en la citada Sentencia de 30 de noviembre de 2021, dejó sentado que, de conformidad con la definición de "declaración" del artículo 119.1 LGT, el ejercicio de la opción se ha de realizar de manera expresa y no presunta, aunque puede ser tácita, tal exigencia se cumple por la normativa tributaria del supuesto que analizamos. El citado art. 52 del Reglamento del IVA no especifica un único modo o manera de trasladar la decisión, por la empresa que presta el servicio de hospedaje y/o transporte, así como los accesorios o complementarios de aquellos, al empresario destinatario de cada operación, más allá de que se realice por escrito.

Al contrario, de manera ciertamente flexible, en dicho precepto reglamentario se prevé que:

> *"(...) Dicha opción deberá comunicarse por escrito al destinatario de la operación, con carácter previo o simultáneo a la prestación de los servicios de hospedaje, transporte u otros accesorios o complementarios a los mismos. No obstante, se presumirá realizada la comunicación cuando la factura que se expida no contenga la mención a que se refieren los artículos 6.1.n) y 7.1.i) del Reglamento por el que se regulan las obligaciones de facturación, aprobado por el Real Decreto 1619/2012, de 30 de noviembre".*

Como se aprecia, se alude, normativamente, a que el ejercicio de esa elección se tiene que "comunicar" por "escrito". Y que dicha comunicación debe ser "previa o simultánea" al momento en que se presta el servicio. Para añadir, acto seguido, una presunción de comunicación si la factura en la que se refleja el servicio prestado no alude a la sujeción al REAV —sin que sea necesario que haga alusión a la sujeción al régimen general del Impuesto—. Resulta incuestionable que esa "comunicación" se convierte en requisito ineludible, necesario, pues, sin ella, la opción no podrá entenderse ejercitada.

En este sentido, debemos plantearnos si a esa comunicación escrita podemos atribuirle, a estos efectos, el carácter de "declaración tributaria" en el sentido que le otorga el artículo 119 de la LGT —entre los que podríamos incluir a las autoliquidaciones, declaraciones censales, comunicaciones o solicitudes, por ejemplo—, o resulta posible considerar que el verdadero ejercicio de la opción por la aplicación del régimen general del IVA —y no el REAV— se ejercita cuando se presenta la posterior autoliquidación del Impuesto.

Salvo en el caso del sistema de suministro inmediato de información en el IVA (SII)[121], la factura no se presenta ante la Administración tributaria, sino que se entrega al destinatario de la prestación del servicio, no pudiendo considerarse propiamente como una "declaración tributaria" en sentido estricto. Sin embargo, la declaración-liquidación del IVA correspondiente a cada uno de los períodos de liquidación[122], sea mensual o trimestral, sí que tiene que presentarse ante la Administración tributaria.

---

121 Vid., sobre este tema, y su aplicación a estas operaciones, RAMOS HERRERA, A. *Los requisitos formales en el ejercicio del derecho a la deducción del IVA.* Tirant lo Blanch, Valencia, 2021.
El TSJ de Galicia, en la Sentencia de 6 de marzo de 2023, Rec. nº 15304/2021, ha considerado que no puede denegarse la deducción del IVA por el solo hecho de que la factura no ha sido previamente aportada al Suministro Inmediato de Información de la Sede Electrónica de la AEAT (ECLI:ES:TSJGAL:2023:2565), para no vulnerar el principio de neutralidad del IVA. En ella, se afirma, de manera reveladora, que: "aún considerando que la cuestión es discutible, entendemos, prima facie que la exigencia que establece el precepto de utilizar el Sistema de Información para la contabilización, si bien supone una ventaja para la AEAT a la hora de gestionar el Impuesto sobre el Valor Añadido, no deja de ser un requisito formal añadido que no puede superponerse al principio de neutralidad del impuesto consagrado en la jurisprudencia anteriormente citada.
En efecto, la jurisprudencia del Tribunal Europeo ha contribuido a situar en sus justos términos el alcance y efectos de este tipo de obligaciones que se imponen a los sujetos pasivos y ha dejado claro que los requisitos que configuran un derecho tienen carácter "material" o "sustantivo" y ha de acreditarse su cumplimiento. Cualquier otro requisito que la norma establezca para el ejercicio de ese derecho es un requisito o una obligación de carácter formal y su incumplimiento (o no correcto cumplimiento) no puede, por sí solo, suponer la denegación del derecho en cuestión a menos que sea imposible probar el cumplimiento de los requisitos materiales o la infracción se produzca en el marco de una operación o cadena de operaciones fraudulentas.
De esta forma, los errores o retrasos en el SII podrán, en su caso, ser sancionados como tales incumplimientos pero no podrán limitar los derechos (en particular el derecho a la deducción del IVA soportado) que el sistema del IVA confiere a los sujetos pasivos cuando concurren los requisitos sustanciales o materiales para que opere la deducción".

122 De hecho, el artículo 99 de la Ley del IVA, al regular el ejercicio del derecho a la deducción, determina, en su apartado Uno, que: "*En las declaraciones-liquidaciones correspondientes a cada uno de los períodos de liquidación, los sujetos pasivos podrán deducir globalmente el montante total de las cuotas deducibles soportadas en dicho período del importe total de las cuotas del Impuesto sobre el Valor Añadido devengadas durante el mismo período de liquidación en el territorio de aplicación del Impuesto como consecuencia de las entregas de bienes, adquisiciones intracomunitarias de bienes o prestaciones de servicios por ellos realizadas*".

Una lectura meramente formal de dicho precepto reglamentario llevaría a considerar que el ejercicio efectivo de la opción —la elección por la aplicación del régimen general del IVA— no se produce con la emisión y entrega de la factura, por parte del sujeto pasivo, a su destinatario, sino cuando se presenta la consiguiente autoliquidación tributaria —pues ésta sí que tendría la consideración de "declaración tributaria" en el sentido del art. 119.1 LGT—, siendo entonces cuando la Administración conoce que se ha producido esa elección entre la aplicación alternativa, en esa concreta operación, de ambos regímenes fiscales —especial y general—, en el IVA, y, por tanto, cuando cabría considerar efectivamente producido el ejercicio de esa opción.

Las consecuencias prácticas no resultan desdeñables, pues, por ejemplo, a pesar de cuál fuera el contenido de la factura, el régimen fiscal aplicable a esa operación —con la sujeción al régimen general o al especial— podría ser modificado hasta que el sujeto pasivo presentara la autoliquidación del Impuesto, reflejando, o no, el IVA devengado por esa operación.

En esta tesitura, las consecuencias que comportaría esta posibilidad, para el destinatario de la factura, son muy importantes, pues vería alterado sustancialmente el régimen fiscal aplicable a esa operación, en relación con la posible deducción o devolución del IVA soportado, con posterioridad a la recepción del servicio en unas condiciones tributarias determinadas y distintas de las que había conocido o pactado al recibir la factura —quizás, ya pactadas con el prestador del servicio—. No olvidemos que el empresario receptor de la prestación del servicio de viajes, siendo quien resulta fiscalmente beneficiado, no es quien elige el régimen tributario aplicable, pues dicha facultad de ejercitar la opción recae única y exclusivamente en el sujeto pasivo, que es el emisor de la factura; esto es, quien presta ese concreto servicio.

Por eso, en aras de lograr la virtualidad del principio de seguridad jurídica y la efectividad del principio de neutralidad del IVA, estimamos que, con la comunicación del ejercicio de la decisión de renunciar al régimen especial del IVA que conste o se deduzca de la propia factura entregada al adquirente, o que, de cualquier otro modo, se haya comunicado al receptor, se está ejercitando una verdadera "opción tributaria" *ex* art. 119.3 LGT, que se sustancia entre particulares, pues no se exige, normativamente, la expresa comunicación a la Administración tributaria la cual, obviamente, conocerá de la opción ejercitada al reflejarse en las autoliquidaciones, facturas, libros-registros, contabilidad, etc. Sin que sea un obstáculo para ello que dicho precepto de la LGT remita su ejercicio al momento de presentación de una "declaración tributaria", y aunque esa comunicación escrita —sea mediante factura, o de cualquier otra manera— no tenga tal condición de "declaración tributaria", pues no sólo no lesiona sino que permite asegurar la observancia tanto del principio de neutralidad en el IVA[123], como del de seguridad jurídica para el destinatario de la factura, como vino a reconocer la Sentencia del Tribunal Supremo, de 13 de diciembre de 2006[124].

Veamos cómo resulta configurada, entonces, esa "comunicación" del ejercicio de la opción sobre el régimen jurídico en el IVA aplicable a una concreta prestación de servicios de viajes, en los términos analizados.

C.4.3. LA COMUNICACIÓN DE LA DECISIÓN, POR "ESCRITO", AL DESTINATARIO DE CADA OPERACIÓN

El artículo 52 del RIVA prevé que, quien presta un concreto servicio relacionado con un viaje o circuito turístico —el sujeto pasivo en el IVA—, en los términos analizados, pueda renunciar a la aplicación del régimen especial en el IVA —en principio, obligatoria, según la Directiva comunitaria—, para que esa concreta operación resulte sujeta a los requisitos del régimen general del Impuesto —y, así, acabe beneficiando al receptor del servicio y la factura, quien podrá deducirse el IVA repercutido—. Para ello, se tiene que llevar a cabo una "comunicación" al empresario o profesional a quien va destinada cada prestación de cada uno de esos servicios de hospedaje, transporte, u otros accesorios o complementarios a ellos.

---

123 Según asume el propio Tribunal Supremo, por todas, Sentencia de 15 de enero de 2015, Rec. nº 507/2013, es una constante en la doctrina del TJUE evitar que la exigibilidad de formalismos pueda limitar la deducción del IVA: "la normativa nacional debe entenderse siempre de acuerdo con el principio de neutralidad establecido por la Sexta Directiva, sin que formalismos sin significación alguna para la gestión del impuesto o la prevención del fraude puedan impedir el derecho a deducir" (ECLI:ES:TS:2015:110). Vid. MALVÁREZ PASCUAL, L. A., "Las exigencias formales para el ejercicio de opciones fiscales.", *op. cit.*, pág. 33.

124 No en vano, y aunque se pronunciara sobre la renuncia a determinadas exenciones inmobiliarias, a la virtualidad jurídica del principio de seguridad jurídica que cumple dicha comunicación hizo referencia la Sentencia del Tribunal Supremo, de 13 de diciembre de 2006, Rec. nº 4704/2001 [ECLI:ES:TS:2006:8500 (*Tol 1028262*)], afirmando que, con ello, se busca que el afectado por la opción "conozca cuál va a ser el régimen de tributación aplicable a la operación (...) para dotar al mismo de la necesaria seguridad jurídica".

Como se aprecia, para que dicha renuncia sea efectiva, se convierte en elemento clave el conocimiento, por parte del receptor del servicio, de la decisión que va a tomar o que ha llevado a cabo el sujeto pasivo del IVA —el prestador del servicio—, respecto de la operación para la cual se ejercita la opción. Sin ese conocimiento, la opción no podrá entenderse ejercitada. Opción que, por tanto, no será conocida por la Administración tributaria sino hasta el momento en que se presente la autoliquidación del Impuesto.

De la redacción del artículo 52 del Reglamento se deduce que, lejos de exigir un modo concreto de trasladar la decisión del sujeto pasivo al destinatario de cada operación, no se establece ninguna limitación o exigencia formal, sino que se admite total libertad a la hora de comunicar la decisión del sujeto pasivo al empresario o profesional que recibe la prestación del servicio —y que tiene derecho a la deducción o devolución del IVA, en todo o en parte—, pues no se concreta un tipo específico de documento, ni se determina ningún modo de llevar a cabo dicha comunicación.

Por tanto, servirá, al efecto, cualquier modo de comunicar la decisión, siempre que sea válido en Derecho, y siempre que, en él, se ponga de manifiesto y se deduzca, sin género de duda, dicha voluntad. Tanto puede servir la comunicación por escrito a través de un correo electrónico, un fax, o, incluso, que dicha renuncia se haga constar en cualquier contrato o compromiso de compra/venta o de prestación, que bien puede realizarse para formalizar esa concreta prestación de ese servicio, o, incluso, entendemos, cuando regule todas las prestaciones de servicios que vayan a llevarse a cabo entre esos mismos sujetos[125]. En este sentido,

---

125 Podemos traer a colación la Sentencia del Tribunal Supremo, de 16 de febrero de 2016, Rec. nº 1000/2014, f.j. 3º, en la que se analizan, con detenimiento, la redacción de las diversas cláusulas contractuales para dilucidar, y considera aplicable, el régimen especial de las agencias de viajes a las operaciones cuestionadas. En dicho pronunciamiento, se afirma: "a) De acuerdo con reiterada jurisprudencia, la interpretación de los contratos y negocios jurídicos corresponde a los Tribunales de instancia, cuyos criterios sólo son susceptibles de revisarse en casación cuando resultan irrazonables o incurren en un error manifiesto. Y, en el presente, el entendimiento que hace la Sala de los contratos examinados no merece dicha consideración.
La interpretación gramatical de los contratos es uno de los criterios contemplados en el CC (artículo 1281), pero no es el único, ya que, en los artículos 1282 a 1289, también se refieren a interpretaciones teleológicas, históricas, contextuales, sistemáticas, consuetudinarias y criterios residuales para cláusulas obscuras y para supuestos en los que fuere imposible resolver las dudas".

estimamos que, siempre que no se efectúe esa comunicación en la factura —pues, en este caso, sí que tiene que resultar desglosada, de manera suficiente, cuál ha sido el servicio que se ha prestado[126]— no resulta necesario exigir, en esa comunicación sobre la renuncia, la identificación de la concreta operación respecto de la que se adopta la decisión de renunciar a la aplicación del régimen especial del IVA, sino que será suficiente que quede clara la voluntad de renunciar a la aplicación del REAV, sin tener que identificar específicamente la operación respecto de la que se pretende esa renuncia, pudiendo servir una afirmación genérica de renuncia, por ejemplo, respecto de todas aquellas prestaciones de servicios que puedan llevarse a cabo en esa relación comercial, cuando cumplan los requisitos

---

En el presente caso la Sala de instancia atiende, de una parte, a actos coetáneos y posteriores, "en ningún momento aparece una notificación a terceros, es decir, a los usuarios del servicio, en ese mismo sentido, debiendo subrayarse que los usuarios pagan el servicio directamente a la recurrente, que a su vez retribuye a los prestadores del mismo", y, de otra, a la interpretación sistemática subrayando la cláusula 6.2 que aparece en los contratos aportados, según la cual "El Agente (es decir la recurrente) tiene derecho a una comisión del Suministrador (empresa de transportes que presta el servicio), que será cualquier cantidad, a la absoluta discreción del Agente y se cobrará al Cliente (el usuario del transporte) sobre la cantidad pagadera al Suministrador, de acuerdo con las condiciones de este Acuerdo. Termina la cláusula añadiendo que, el agente contrae la obligación de notificar al Suministrador la cantidad pagada por los clientes para su reserva". Y razona, en uso de su facultad interpretativa, "La particularidad de esta cláusula que confiere al Agente la decisión sobre un elemento tan esencial del contrato que en realidad lo desnaturaliza, viene a reforzar las conclusiones de la Administración y del TEAC en el sentido de que la realidad, a pesar de lo que dispone la letra de los contratos aportados, es la de que la recurrente presta los servicios de transporte descritos en nombre propio, razón por la que en aplicación de lo dispuesto en el artículo 141.Uno.1º de la Ley 37/1992 y la doctrina de la STJUE de 22 de octubre de 1998 asunto C-308/96 apartado 23, no puede procederse a la devolución de las cuotas reclamadas ya que queda plenamente sometida al régimen especial de las agencias de viajes" [ECLI:ES:TS:2016:496 (*Tol 5650790*)].

126 Por ejemplo, la Sentencia del TSJ de Canarias —Santa Cruz de Tenerife—, de 24 de noviembre de 2015, Rec. nº 30/2014, advierte que la descripción del servicio por el que se factura debe estar clara para los implicados en el negocio y para cualquier persona que maneje la factura. En el caso enjuiciado, era necesaria su rectificación, pues no describían exactamente el servicio facturado, al indicar expresiones genéricas como «comisiones de agencias» o «servicios de agencias» o «comisiones de aerolíneas», cuando, en realidad, el servicio facturado había sido la remuneración por los servicios de agencia minoristas pagadas en virtud de un contrato de mediación [ECLI:ES:TSJICAN:2015:3465 (*Tol 5636139*)].

normativos para ello. Y siempre que, obviamente, en la factura no se haga referencia a la aplicación del régimen especial en el IVA.

Nos decantamos por esta posibilidad porque, con esta cierta relajación de las exigencias formales, no se lesiona el interés público a una justa recaudación por parte de la Hacienda Pública, ni se pervierte la finalidad para la que se ha establecido el ejercicio de la opción. Quizás, todo lo contrario, pues esa comunicación, sea individual o específica para cada prestación de servicio, sea realizada en un documento que abarque el conjunto de operaciones que entre ambos empresarios lleven a cabo, siempre que su contenido sea claro e indubitado, cumple con la función para la que se establece: que el sujeto pasivo conozca, del destinatario del servicio, si cumple con las exigencias legales y reglamentarias —entre otras, si tiene derecho a deducir o solicitar la devolución del IVA—, y el sujeto repercutido pueda asegurarse, a su vez, la obtención de una factura con el IVA desglosado y, así, podérselo deducir.

C.4.4. PRESUNCIÓN DE REALIZACIÓN DE LA COMUNICACIÓN: LA FACTURA Y SU CONTENIDO

El citado artículo 52 del Reglamento facilita, todavía más, las cosas, al establecer una presunción de realización y comunicación de esa decisión de renuncia al REVA:

> *"No obstante, se presumirá realizada la comunicación cuando la factura que se expida no contenga la mención a que se refieren los artículos 6.1.n) y 7.1.i) del Reglamento por el que se regulan las obligaciones de facturación, aprobado por el Real Decreto 1619/2012, de 30 de noviembre".*

Por tanto, la propia factura emitida por el sujeto pasivo que presta ese servicio concreto cumple con la exigencia de comunicación escrita al destinatario de esa operación, siempre que, en la misma, no se aluda a las menciones establecidas en dos preceptos del Reglamento que regulan las obligaciones de facturación. Recordemos que la obligación de expedir factura[127] constituye una de

---

[127] La normativa sobre facturación, en lo que se refiere al IVA, está constituida, en primer lugar, por el artículo 88.dos LIVA —que señala que la repercusión ha de hacerse mediante factura—; artículo 97.uno LIVA —sólo se puede ejercer el derecho a la deducción si se cuenta con alguno de los documentos que en el se citan, de los que el más importante es la factura—, y artículo 163.uno 3º LIVA, que establece la obligación de

las obligaciones formales exigidas a los empresarios o profesionales en el ámbito del IVA, pues, en ella, se lleva a efecto la repercusión del Impuesto, en su caso, y se justifica el derecho a la deducción de las cuotas soportadas —los dos pilares básicos del funcionamiento del IVA y del cumplimiento de los principios que lo sustentan—, para trasladar la carga tributaria entre los intervinientes de la operación[128].

Concretamente, el artículo 6.1.n del citado Reglamento, al regular el contenido de la factura, establece que:

> *"1. Toda factura y sus copias contendrán los datos o requisitos que se citan a continuación, sin perjuicio de los que puedan resultar obligatorios a otros efectos y de la posibilidad de incluir cualesquiera otras menciones: (...)*
>
> *n) En caso de aplicación del régimen especial de las agencias de viajes, la mención «régimen especial de las agencias de viajes»".*

Y, el artículo 7.1.i de ese mismo Reglamento, en relación con las facturas simplificadas, determina:

"1. Sin perjuicio de los datos o requisitos que puedan resultar obligatorios a otros efectos y de la posibilidad de incluir cualesquiera otras menciones, las facturas simplificadas y sus copias contendrán los siguientes datos o requisitos (...)

"i) En los supuestos a que se refieren las letras j) a p) del artículo 6.1 de este Reglamento, deberá hacerse constar las menciones referidas en las mismas".

---

expedir factura y la remite a su desarrollo reglamentario. En la actualidad, en el ámbito comunitario, la normativa sobre facturación se contiene en los artículos 217 a 238 de la Directiva 2006/112/CE, de refundición de la Sexta Directiva, modificada por la Directiva 2010/45/UE. Resulta necesario, asimismo, tener en cuenta la introducción del sistema de suministro inmediato de información (SII) regulado por el Real Decreto 596/2016, de 2 de diciembre, para la modernización, mejora e impulso del uso de medios electrónicos en la gestión del IVA, así como la Orden HFP/417/2017, de 12 de mayo, por la que se regulan las especificaciones normativas y técnicas que desarrollan la llevanza de los Libros registro del IVA a través de la Sede electrónica de la AEAT establecida en el artículo 62.6 del Reglamento del IVA.

128 Concretamente, el artículo 6.1 del Reglamento por el que se regulan las obligaciones de facturación, aprobado por el Real Decreto 1619/2012, de 30 de noviembre, recoge todos los datos a incluir en las facturas completas, que serán las que habrán de expedirse con carácter general, aludiendo, expresamente, a que: "n) En caso de aplicación del régimen especial de las agencias de viajes, la mención «régimen especial de las agencias de viajes»".

Además, para dar coherencia a la regulación, el Real Decreto 1073/2014, de 19 de diciembre, también modificó, en su artículo tercero, el Reglamento por el que se regulan las obligaciones de facturación, aprobado por el Real Decreto 1619/2012, de 30 de noviembre. Desde ese momento, el artículo 16.3, establecía que:

> *(...) «3. En las operaciones a las que resulte aplicable el régimen especial de las agencias de viajes, los sujetos pasivos no estarán obligados a consignar por separado en la factura que expidan la cuota repercutida, y el Impuesto deberá entenderse, en su caso, incluido en el precio de la operación. En todo caso, en las facturas en las que se documenten operaciones a las que sea de aplicación este régimen especial deberá hacerse constar la mención a que se refieren los artículos 6.1.n) o 7.1.i).»*

Varias circunstancias que se deducen de la citada normativa merecen un comentario específico.

En primer lugar, se trata de una previsión reglamentaria que establece un modo de llevar a cabo esa comunicación al destinatario de esa concreta prestación del servicio, pero que no impide que se efectúe de cualquier otro modo, siempre que sea por escrito, como hemos expuesto.

En segundo lugar, además de los datos exigidos normativamente, la decisión de no aplicar el REAV en una concreta operación se entenderá realizada si, en la factura de esa operación, no se hace mención expresa a que le resulta de aplicación el *«régimen especial de las agencias de viajes»*.

Por tanto, si la factura no contiene específica y expresa mención a la aplicación del REAV, se entenderá que a la operación descrita en la factura se le aplica el régimen general del IVA, sin que, en ningún momento, se exija, normativamente, que se deje constancia manifiesta de que esa operación resulta sujeta al régimen general, en ese caso concreto. Previsión que no esconde una intención de facilitar la aplicación del régimen general, en esas operaciones.

En tercer lugar, se establece una "presunción", que entendemos que debe considerarse "*iuris tantum*" —a tenor de cuanto establece el artículo 108 de la LGT[129]—, que permite presentar una prueba suficiente en sentido contrario, al no resultar prohibido, expresamente, en este caso, por ninguna norma legal.

---

129 El artículo 108 LGT establece que: "1. Las presunciones establecidas por las normas tributarias pueden destruirse mediante prueba en contrario, excepto en los casos en que

En cuarto lugar, no podemos desconocer cuanto se prevé en el apartado 4 del citado art. 108 LGT:

> *"4. Los datos y elementos de hecho consignados en las autoliquidaciones, declaraciones, comunicaciones y demás documentos presentados por los obligados tributarios se presumen ciertos para ellos y sólo podrán rectificarse por los mismos mediante prueba en contrario".*

Así pues, cuando el sujeto pasivo del IVA, que presta un servicio, emite una factura en la que, por ejemplo, no hace constar expresamente que le resulta de aplicación el régimen especial de las "agencias de viaje", se presumirá que su voluntad es que esa concreta operación recogida en la factura se acoja al régimen general del IVA, considerándose ciertos, para él, los datos y hechos consignados en dicha factura. Pero esa decisión que se refleja en la factura, obviamente, también desplegará todos sus efectos fiscales para su destinatario.

Pudiera darse el caso de que el empresario que presta el servicio, y emite la factura, aun habiendo firmado un documento o contrato previo con el destinatario del servicio que reflejaba la condición de empresario con derecho a la deducción o devolución del IVA y que ambas partes estaban de acuerdo en que las operaciones relativas a la organización de viajes u organización de circuitos turísticos entre ambos resultaran sujetas al régimen general del IVA —y no, al régimen especial—, por un error en la confección de la factura, refleje en la misma la sujeción de esa prestación de servicios al régimen especial del IVA.

En este caso, el destinatario de la factura sería el perjudicado por el error sufrido por el sujeto pasivo, al no desglosarse el IVA que grava la operación, y hacer constar que se sujeta al régimen especial.

Si atendemos al régimen jurídico que establece el art. 119.3 LGT, la rectificación de esa opción plasmada, quizás erróneamente, en la factura o el documento que comunica al destinatario esa tributación en el IVA, debe realizarse dentro del plazo máximo para presentar la autoliquidación.

Sin embargo, estimamos que la posibilidad de rectificación no debe limitarse a ese período de tiempo cuyo *dies ad quem* resultaría acotado en el momento de presentación de la autoliquidación del IVA, siempre que pudiera probarse, por cualquier medio admitido en Derecho, cuál era la voluntad de ambas partes y cuál ha sido el error cometido, llevando a cabo una rectificación de la factura y de la

---

una norma con rango de ley expresamente lo prohíba".

tributación de la operación. Y ello, por un motivo: porque, con esta rectificación dentro del plazo de prescripción de cuatro años, no se crea ningún perjuicio a la Hacienda Pública, sino que se permite la efectividad del principio de neutralidad y que no se produzca una ruptura de la cadena de deducibilidad del IVA por el mero incumplimiento, quizás fruto de un error involuntario[130], de un requisito formal.

Por eso, no vemos motivos para impedir que el sujeto pasivo pudiera modificar los datos y elementos consignados en la factura erróneamente si acredita debida y fehacientemente el error cometido, y justifica la rectificación[131] dentro del plazo de prescripción —aunque se hubiera superado el plazo para presentar la declaración o autoliquidación— para no vulnerar los principios de capacidad económica o de neutralidad en el IVA.

Distinto sería el supuesto de que, aun con previo acuerdo entre el sujeto pasivo que prestó el servicio y el receptor del mismo, aquel reflejase, en la factura, que la operación se sujeta al régimen especial del IVA previsto para las agencias de viaje, y le impide su deducción, sin que se mostrara partidario de su corrección. En este caso, si el destinatario de la prestación del servicio, a quien se dirige la factura —sin desglose del IVA, y con alusión a la sujeción al régimen especial—, considera que dichos datos o elementos incluidos en esa concreta factura no resultan correctos, deberá impugnar dicha factura ante el Tribunal Económico-administrativo competente[132].

---

130 MARTÍN RODRÍGUEZ, J. M., "La (im)posibilidad de rectificar opciones tributarias: un debate abierto. Análisis de la STSJ de Valencia 1089/2018, de 7 de noviembre de 2018", *Nueva fiscalidad*, nº 1, 2019, pág. 306, considera que debe ofrecerse un tratamiento más favorable a las rectificaciones espontáneas de opciones frente a aquellas que tienen su origen en una comprobación administrativa.

131 De hecho, la opinión doctrinal mayoritaria se decanta por considerar que la opción debe poder ejercerse también cuando se produzcan circunstancias contingentes posteriores al momento de finalización del plazo reglamentario de declaración, cuando hubiera una modificación retroactiva del régimen tributario, o cuando se pruebe la existencia de un vicio o error. Respecto de la concurrencia de error en la decisión de modificación de una opción ya ejercitada, MALVÁREZ PASCUAL, L. M., "Las exigencias formales para el ejercicio de opciones fiscales", *op. cit.*, pág. 49, quien considera que tiene que desprenderse de modo claro, concluyente e inequívoco de los propios hechos o documentos aportados, sin tener que acudir a conjeturas, y que presente relevancia y eficacia suficiente para fundamentar esa rectificación.

132 El artículo 227 de la LGT, al regular los "Actos susceptibles de reclamación económico-administrativa", establece que:

Entendemos que no está en manos del destinatario de la factura en la que se incluye el IVA repercutido —el empresario o profesional a quien se ha prestado el servicio por la "agencia de viajes"— iniciar un procedimiento para la rectificación de los datos o elementos de la factura, pues el citado art. 108 LGT alude a los "demás documentos presentados por los obligados tributarios". Y, aunque el artículo 35 de la LGT atribuye la condición de obligado tributario, entre otros, a los "g) obligados a soportar la repercusión" —por tanto, el destinatario de la factura también lo es—, lo que estará en sus manos es instar la rectificación de su propia autoliquidación del IVA en la que se haya deducido o solicitado la devolución de ese IVA repercutido por la "agencia de viajes", probando el error que él mismo ha sufrido al incluir los datos o elementos en esa autoliquidación, pues la factura no es un documento presentado por ese destinatario, sino por quien presta el servicio.

En quinto lugar, esa presunción de comunicación escrita al destinatario de la prestación del servicio, por el hecho de que se emita una factura que cumpla con los requisitos exigidos, y no incluya la mención a que a esa concreta operación le resulta de aplicación el régimen especial de las "agencias de viaje", puede verse corroborada si se incluye expresamente la cuota del IVA que se repercute —y ese empresario o profesional podrá deducirse o solicitar la devolución—.

De hecho, una de las características de la aplicación del REAV es, precisamente, que, cuando en esa operación resulte aplicable dicho régimen especial de tributación en el Impuesto, y no se haya renunciado, en la factura no se desglose el IVA repercutido[133]. Así se establece en el art. 142 de la Ley del IVA, cuando prevé que:

"4. Serán reclamables, igualmente, previo cumplimiento de los requisitos y en la forma que se determine reglamentariamente, las siguientes actuaciones u omisiones de los particulares en materia tributaria:

a) Las relativas a las obligaciones de repercutir y soportar la repercusión prevista legalmente (...).

c) Las relativas a la obligación de expedir, entregar y rectificar facturas que incumbe a los empresarios y profesionales".

133 En efecto, en las operaciones a las que resulte de aplicación el REAV, los sujetos pasivos tienen que repercutir el IVA, pero no están obligados a identificar en la factura, de manera separada, la cuota repercutida del IVA, pudiendo entenderse comprendida en el precio de la operación, pero debe reflejarse expresamente, en la factura, la mención al "régimen especial de las agencias de viaje. Ello puede provocar que el empresario-consumidor final que recibe la factura sin que resulte desglosado el IVA —al ser una facultad del prestador del servicio—, no pueda deducirse ese IVA soportado.

"En las operaciones a las que resulte aplicable este régimen especial, los sujetos pasivos no estarán obligados a consignar en factura separadamente la cuota repercutida, debiendo entenderse, en su caso, comprendida en el precio de la operación".

C.4.5. MOMENTO DE LA COMUNICACIÓN: CON CARÁCTER PREVIO O SIMULTÁNEO A LA PRESTACIÓN DE CADA SERVICIO DE HOSPEDAJE, TRANSPORTE U OTROS ACCESORIOS O COMPLEMENTARIOS

Teniendo presente que el régimen jurídico que regula el modo y formalidades para proceder a la renuncia persiguen su simplicidad y facilitar la opción por la renuncia al régimen especial del IVA para este tipo de prestaciones de servicios, de manera coherente a la previsión de que dicha renuncia se tenga que efectuar para cada operación concreta, en el citado art. 52 del Reglamento se concreta el momento en que el sujeto pasivo tiene que realizar la comunicación escrita al destinatario de la concreta operación —y de la repercusión del IVA—:

"con carácter previo o simultáneo a la prestación de los servicios de hospedaje, transporte u otros accesorios o complementarios a los mismos".

Obviamente, la decisión que efectúe el optante en relación con la concreta prestación de un específico servicio no le vinculará en las posteriores, aun cuando el adquirente fuera el mismo sujeto, salvo que exista constancia de que esa sea su voluntad.

Por tanto, la decisión del sujeto pasivo de que la concreta operación se acoja al régimen general del IVA, y no al REAV, tiene que ser trasladada al destinatario de la prestación del servicio afectado en el mismo momento en que se efectúa dicha prestación, o, incluso, con anterioridad —lo cual es lógico, pues así el destinatario de la prestación del servicio, al conocer el régimen fiscal de la operación, y la deducibilidad del IVA, en su caso, decidirá si lleva adelante su contratación, o no—. En todo caso, la previsión reglamentaria excluye, por tanto, postergar esa comunicación al destinatario de ese servicio a un momento posterior al de la prestación del servicio.

En este sentido, conviene llamar la atención de la singularidad de este régimen de comunicación de la opción por el régimen general, al renunciar al régimen especial del IVA, pues tiene como inmediato destinatario a otro obligado tributario afectado por el ejercicio de la opción, y no a la Administración tributaria —al igual que sucede, por ejemplo, con las opciones del IVA por la renuncia a determinadas exenciones relacionadas con operaciones inmobiliarias—. En este caso, la Administración tributaria conoce que se ha ejercitado formalmente la renuncia, no mediante una comunicación expresa remitida al órgano administrativo, sino cuando se presentan las consiguientes autoliquidaciones en las que se refleje efectivamente el ejercicio de esa renuncia.

Esta previsión normativa —en norma reglamentaria, por remisión legal— es plenamente coherente con el devengo y la posible deducción del IVA repercutido por la "agencia de viajes" al empresario o profesional destinatario del servicio para esa operación concreta.

En efecto, la citada Ley 28/2014, de 27 de noviembre, modificó el art. 98 de la Ley del IVA en relación con el momento en que se producía el nacimiento del derecho a deducir en el caso que estamos analizando, estableciendo una excepción a la previsión del apartado Uno —en el que se determina, con carácter general, que el derecho a la deducción nace cuando se devengan las cuotas deducibles, salvo en los casos previstos en los apartados siguientes—.

El apartado Cinco del art. 98 de la Ley del IVA especifica que el derecho a la deducción de las cuotas soportadas o satisfechas con operaciones respecto de las cuales el sujeto pasivo haya decidido no aplicar el REAV nace al renunciar al mismo para una operación. Y, al efecto, establece que el devengo del derecho a deducir el IVA soportado "*nacerá en el momento en el que se devengue el Impuesto correspondiente a dicha operación*" —devengo que, según el art. 75 de la Ley del IVA, se produce, en el caso de prestaciones de servicios, "*cuando se presten, ejecuten o efectúen las operaciones gravadas*"—. Y, el artículo 99 de la Ley del IVA, cuando regula el ejercicio del derecho a la deducción por quien recibe la prestación del servicio, prevé, en su apartado Cuarto, que:

> *"Se entenderán soportadas las cuotas deducibles en el momento en que el empresario o profesional que las soportó reciba la correspondiente factura o demás documentos justificativos del derecho a la deducción.*
>
> *Si el devengo del Impuesto se produjese en un momento posterior al de la recepción de la factura, dichas cuotas se entenderán soportadas cuando se devenguen".*

Por tanto, cuando el destinatario del servicio prestado por la "agencia de viajes" reciba la factura, en la que no conste la mención a la aplicación del REAV o se diga expresamente que, a dicha operación, no se le aplica ese régimen especial de tributación en el IVA —y, por tanto, resulte sujeta al régimen general del IVA—, se devenga el IVA y se repercute la cuota del Impuesto, y será el momento en que, en su caso, dicho empresario o profesional tendrá que abonar el Impuesto al sujeto pasivo y, si resultara procedente, nace también su derecho a deducirse el IVA que se la ha repercutido.

También, pues, en ese mismo momento, el sujeto pasivo del IVA devengado por esa concreta prestación de servicios —esto es, quien presta el servicio relativo a un viaje o circuito turístico— puede considerar nacida su obligación de ingresar dicho IVA u, obviamente, deducirlo, a su vez, del IVA que haya podido soportar.

Cuestión distinta sería la posibilidad de que, al emitir la factura, por ejemplo no se hiciera referencia a la aplicación del régimen especial o se reflejara expresamente su exclusión, en esa operación concreta, y que, en el momento de presentar su autoliquidación del IVA, la agencia de viajes que ha emitido la factura no incluyera el IVA que ha repercutido y cobrado —al someterse la operación al régimen general—, o, en su caso, si, habiendo realizado operaciones exentas de IVA, procediera al ingreso del IVA.

En el primer caso, el sujeto pasivo, prestador del servicio relacionado con el alojamiento o transporte —o sus accesorios o complementarios—, estaría presentando una autoliquidación del IVA errónea por contraria a la opción ya ejercitada en la factura, y habría dejado de consignar e ingresar un IVA devengado —o deducírselo del IVA, a su vez, soportado—, que le debe haber abonado el destinatario de la prestación del servicio a la agencia de viajes.

En el segundo caso, lo que se habría producido es un error en la presentación de la autoliquidación, pues el ejercicio de la opción con la emisión de la factura resultaría y el régimen general del IVA, ante operaciones exentas, resulta contradictorio con el ingreso, por el sujeto pasivo, del IVA, generándose un enriquecimiento injusto de la Hacienda pública. En esta ocasión, por tanto, en aras de la eficacia del principio de neutralidad, no deben establecerse valladares, ni sustanciales ni formales, para que se acuerde el reembolso del IVA indebidamente ingresado.

En fin, no está de más atender a la posibilidad de que el sujeto pasivo del IVA haya sido informado, correctamente, por el destinatario del servicio, de que cumple con las condiciones para disfrutar del derecho a la deducción del IVA o para solicitar su devolución, cuando, en realidad, no es así. La decisión del sujeto pasivo del IVA, que repercute el IVA de manera separada, o no, al empresario que recibe la prestación de esa concreta operación, viene condicionada, en toda su extensión, por el cumplimiento por ese tercero de las condiciones legal y reglamentariamente establecidas. Y, lógicamente, se trata de datos y circunstancias que únicamente ese tercero conoce y a él atañen —no al titular del derecho de ejercicio de la opción tributaria, el sujeto pasivo—, y, por tanto, es él quien tiene el deber de comunicarlos al sujeto pasivo para resultar beneficiado de esa renuncia al régimen especial y poder deducirse el IVA de esa operación. Una comunicación errónea o falsa de esos datos, y la consiguiente renuncia al régimen especial, podría permitir que ese empresario que recibe el servicio acabara deduciéndose un IVA al que no tenía derecho. Y no resultaría ilógico pensar que, quizás, la Administración tributaria pudiera intentar regularizar la situación, apelando a la responsabilidad del sujeto pasivo que, o no refleja la sujeción al régimen especial del IVA por habérselo comunicado ese tercero, o que expresamente deja constancia de la renuncia al régimen especial por mor de esa indicación, cuando no es el sujeto pasivo, sino el tercero el causante del incumplimiento de los requisitos.

En estos casos, debería aplicarse la doctrina sentada por el TJUE en relación con el denominado fraude carrusel de IVA. Concretamente, el Tribunal ha dejado sentado que la denegación del derecho a deducción del IVA, en la medida en que supone una excepción a la aplicación del principio, comporta una carga probatoria que se atribuye a las Autoridades Tributarias, siendo ellas las que tienen que "acreditar suficientemente con arreglo a Derecho los elementos objetivos que permitan llegar a la conclusión de que el sujeto pasivo cometió un fraude del Impuesto sobre el Valor Añadido o sabía o debería haber sabido que la operación en la cual se fundamenta el derecho a deducción formaba parte de un fraude de este tipo. Incumbe a los Órganos Jurisdiccionales nacionales comprobar a continuación si las Autoridades Tributarias han demostrado la existencia de tales elementos objetivos"[134]. En nuestro caso, será la Administración tributaria la que tendrá la carga de demostrar, objetivamente, que el sujeto pasivo del IVA conocía, o razonablemente podía haber conocido, la falsedad de lo declarado por el destinatario del servicio y, por tanto, la deducción incorrecta por este empresario de un IVA al que no tenía derecho.

El Tribunal de Luxemburgo se muestra partidario de entender que, en la medida en que el Derecho de la Unión no establece normas relativas a la práctica de la prueba en casos de fraude del IVA, la Administración Tributaria debe acreditar estos elementos objetivos de conformidad con las normas en materia probatoria del Derecho nacional, sin que tales normas puedan menoscabar la eficacia

[134] Sentencia del TJUE, de 25 de mayo de 2023, Dyrektor Izby Administracji Skarbowej w Warszawie, As. C 114/22, EU:C:2023:430.

del Derecho de la Unión (Sentencia de 11 de noviembre de 2021, Ferimet, C 281/20, apartado 51 y jurisprudencia citada).

En definitiva, como ha recalcado la Sentencia del TJUE, de 11 de enero de 2024: "el derecho a deducción puede denegarse al sujeto pasivo si se prueba objetivamente que ha sido invocado de manera fraudulenta o abusiva. En efecto, es necesario recordar que la lucha contra el fraude, la evasión fiscal y los posibles abusos es un objetivo reconocido y promovido por la Directiva sobre el Impuesto sobre el Valor Añadido y que el Tribunal de Justicia ha declarado reiteradamente que los justiciables no pueden prevalerse de las normas del Derecho de la Unión de forma abusiva o fraudulenta. Así pues, aun cuando se dieran los requisitos materiales para el derecho a deducción, corresponde a las Autoridades y Tribunales nacionales denegar ese derecho cuando resulte objetivamente acreditado que ha sido invocado de manera fraudulenta o abusiva"[135].

Difícilmente pueden reflejarse medidas concretas para que el sujeto pasivo que ejercita la opción, en favor del destinatario del servicio, pueda oponer, en su día, que actuó con la diligencia debida y era desconocedor de la verdadera realidad de quien le había manifestado su derecho a deducir o solicitar la devolución del IVA, pues la solución dependerá de las circunstancias del caso y, en particular, de si existen o no indicios que permitan al sujeto pasivo, en el momento de la comunicación de la opción o de la prestación del servicio y emisión de la factura, sospechar la existencia de irregularidades o de un fraude. Eso sí, también es doctrina consolidada del TJUE que no puede exigírsele que lleve a cabo comprobaciones complejas y exhaustivas, como las que la Administración Tributaria tiene capacidad para realizar[136].

En este sentido, resulta interesante la aplicabilidad de la denominada "teoría del conocimiento", a la que hace referencia la Sentencia de la Audiencia Nacional, de 15 de junio de 2023, traída a colación por Martínez Lafuente[137]. En ella, se entiende que: "A la indicada Teoría del Conocimiento se refiere el Tribunal de

---

135 Sentencia del TJUE, de 11 de enero de 2024, As. C-537/22, Global Ink Trade Kft. Y Nemzeti Adó- és Vámhivatal Fellebbviteli Igazgatósága, (ECLI:EU:C:2024:6).

136 Sentencia del TJUE, de 1 de diciembre de 2022, Aquila Part Prod Com, As. C 512/21, y auto de 9 de enero de 2023, A.T.S. 2003, As C-289/22, EU:C:2023:26.

137 Sentencia de la Audiencia Nacional, de 15 de junio de 2023, Rec. nº 1461/2019 [ECLI:ES:AN:2023:3244 (*Tol 9630338*)]. Vid. MARTÍNEZ LAFUENTE, A., "Acerca de "la teoría del conocimiento" en derecho tributario", *BIT Plus*, nº 286, 2024, pág. 14 y ss.

Justicia de la Unión Europea en numerosas Sentencias y, entre ellas, las dictadas en fechas 6 de septiembre de 2012, Asunto C-324/11; 13 de febrero de 2014, Asunto C-18/13; 13 de marzo de 2014, Asunto C-107/2013 y, la más reciente, 24 de noviembre de 2022, Asunto C-596/2021. En esta última Sentencia, el Tribunal de Justicia de la Unión Europea señala que el fraude fiscal se puede constatar por la "teoría del conocimiento" de tal manera que, se puede denegar la deducción del Impuesto sobre el Valor Añadido soportado cuando el adquirente sabía o debería haber sabido que dicha adquisición estaba vinculada con un fraude".

C.4.6. LA APLICACIÓN A ESTA OPCIÓN DE LA DOCTRINA DEL TRIBUNAL SUPREMO FAVORABLE A LA RELAJACIÓN DE LAS EXIGENCIAS FORMALES EN LA RENUNCIA A LA EXENCIÓN EN EL IVA EN OPERACIONES INMOBILIARIAS

Una vez analizadas las exigencias formales previstas en el artículo 52 del RIVA para la renuncia al régimen especial del IVA, podemos traer a colación su similitud con las previsiones formales establecidas para la renuncia a la exención del IVA en determinadas operaciones inmobiliarias, de utilización frecuente, dirigidas a que el IVA que grava la operación pueda ser deducido, finalmente, por el comprador. Y ello, con una finalidad, atender a la doctrina sentada por el Tribunal Supremo, al interpretarlas, y decidir sobre su aplicabilidad al caso que nos ocupa.

Los requisitos legales que modulan el ejercicio de la opción por la renuncia a la exención de determinadas operaciones inmobiliarias en el IVA vienen fijados en el artículo 20.Dos de la Ley del IVA, en el que se establece que las exenciones previstas en el mismo precepto, apartado anterior, pero en los números 20º[138] y en el nº 22º[139], podrán ser objeto de renuncia por el sujeto pasivo, en la forma y

---

138 Relativas a entregas de terrenos rústicos y demás que no tengan la condición de edificables, incluidas las construcciones de cualquier naturaleza en ellos enclavadas, que sean indispensables para el desarrollo de una explotación agraria, y los destinados exclusivamente a parques y jardines públicos o a superficies viales de uso público, con determinadas limitaciones.

139 Referidas a las segundas y ulteriores entregas de edificaciones, incluidos los terrenos en que se hallen enclavadas, cuando tengan lugar después de terminada su construcción o rehabilitación.

con los requisitos que se determinen reglamentariamente, cuando el adquirente sea un sujeto pasivo que actúe en el ejercicio de sus actividades empresariales o profesionales y se le atribuya el derecho a efectuar la deducción total o parcial del Impuesto soportado al realizar la adquisición o, cuando no cumpliéndose lo anterior, en función de su destino previsible, los bienes adquiridos vayan a ser utilizados, total o parcialmente, en la realización de operaciones, que originen el derecho a la deducción.

Como se aprecia, en este caso, también se exige que el tercero tenga derecho a deducir, total o parcialmente, el Impuesto o a solicitar su devolución, al igual que sucede en la renuncia al régimen especial en el IVA en las agencias de viajes.

Esta previsión legal se desarrolla en el artículo 8 del RIVA —que también fue redactado por el RD 1073/2014, de 19 de diciembre, con efectos 1 de enero de 2015—. En él, se exige que se comunique la renuncia "fehacientemente al adquirente con carácter previo o simultáneo a la entrega de los correspondientes bienes. La renuncia se practicará por cada operación realizada por el sujeto pasivo y, en todo caso, deberá justificarse con una declaración suscrita por el adquirente, en la que éste haga constar su condición de sujeto pasivo con derecho a la deducción total o parcial del Impuesto soportado por las adquisiciones de los correspondientes bienes inmuebles o, en otro caso, que el destino previsible para el que vayan a ser utilizados los bienes adquiridos le habilita para el ejercicio del derecho a la deducción, total o parcialmente".

Por tanto, de la normativa expuesta, debe concluirse que la renuncia a la exención de IVA está sujeta a los requisitos siguientes:

1°.- Que el adquirente sea sujeto del IVA y que actúe en el ejercicio de su actividad empresarial o profesional;

2°.- Que el adquirente tenga derecho a la deducción total del IVA soportado por la correspondiente adquisición;

3°.- Que, "en todo caso", el adquirente declare por escrito las dos circunstancias anteriores —cfr. STS de 9 de noviembre de 2004—; exigencia que, sin embargo, no se refleja en el art. 52 del RIVA en el caso de las prestaciones de servicios por agencias de viajes

y 4°.- Que el transmitente, lógicamente también sujeto pasivo de IVA, comunique fehacientemente al adquirente la renuncia con carácter previo o simultáneo a la entrega del bien. En este punto, el Tribunal Supremo, en Sentencia de 14 de marzo de 2006[140], admite la renuncia del transmitente, tácita o implícita, sin exigir la necesaria intervención del Notario, pero sí la constancia efectiva de la notificación, en el momento de la entrega del bien.

Si se incumpliera alguno de estos requisitos formales, la compraventa queda sujeta al Impuesto de Transmisiones Patrimoniales.

En lo que a nuestro estudio interesa, conviene reflejar la reveladora evolución de la doctrina del Tribunal Supremo, desde una postura inicial de mayor rigor en las exigencias formales relativas a la renuncia a la exención del IVA, hasta una posición mucho más antiformalista, que enfoca el criterio interpretativo de la referida norma desde la perspectiva de su finalidad perseguida con el ejercicio de dicha opción. Así puede apreciarse en las Sentencias de 5 de octubre de 2005[141]; 14 de marzo de 2006[142], de 13 de diciembre de

140 Sentencia del Tribunal Supremo, de 14 de marzo de 2006, Rec. nº 1879/2001 [ECLI:ES:TS:2006:1451 (*Tol 867242*)].

141 Sentencia del Tribunal Supremo, de 5 de octubre de 2005, Rec. nº 7352/2000 [ECLI:ES:TS:2005:5894 (*Tol 766238*)].

142 Al analizar exigencias también contenidas en la materia que nos ocupa, esta Sentencia de 14 de marzo de 2006, Rec. nº 1879/2001, por lo que se refiere a la declaración del adquirente sobre su condición de sujeto pasivo del impuesto con derecho a la deducción total del IVA soportado, señalaba que "la opción de renuncia debe ser ejercitada por el transmitente, ya que él es el sujeto pasivo del impuesto, pero como la posibilidad de optar está subordinada al cumplimiento de determinados requisitos que dependen del adquirente sólo podrá aplicarse la misma si éste está interesado en ella, estableciéndose, por ello, como requisito previo al ejercicio de la renuncia por parte del sujeto pasivo transmitente, la tenencia por éste de una declaración, suscrita por el adquirente en la que haga constar su condición de sujeto pasivo del impuesto, así como su afirmación de tener derecho a la deducción total del impuesto a soportar con ocasión de la adquisición inmobiliaria objeto de la renuncia" (F. de D. 5.º).
La obligación del transmitente de comunicar la renuncia a la exención al adquirente, no a la Oficina gestora del tributo, todo ello con carácter previo o simultáneo a la entrega de los bienes, en cuanto comporta por un lado la sujeción al Impuesto, y por otro la no sujeción al Impuesto de Transmisiones Patrimoniales, al ser aplicable el apartado 5 del artículo 7 del Texto Retundido de la Ley del Impuesto sobre Transmisiones Patrimoniales y Actos Jurídicos Documentados, aprobado por Real Decreto Legislativo 1/93, de 24 de septiembre, pretende evitar la duplicidad impositiva que se produciría si el adquirente presentara de inmediato su declaración por el Impuesto de Transmisiones.
La necesidad de notificación: "fehaciente" no implica necesariamente intervención del Notario, pero sí debe existir constancia efectiva de la notificación, en el momento de la entrega del bien. Normalmente se suele incluir en la propia escritura pública de trans-

2006[143]; de 24 de enero de 2007[144]; de 20 de enero de 2011[145]; de 23 de noviembre de 2011[146], y la de 15 de enero de 2015, dictada en un Recurso nº 507/2013 para unificación de doctrina[147].

En ellas, el Tribunal Supremo se ha decantado por realizar una interpretación favorable a relajar las exigencias formales en el ejercicio de la renuncia a la exención en determinadas operaciones inmobiliarias en el IVA, con las miras puestas en lograr la efectividad del principio de neutralidad en dicho Impuesto y evitar la ruptura de la cadena de deducciones, salvaguardar el efecto pretendido con la

---

misión, habiendo entendido la Dirección General de Tributos, en resolución de 10 de mayo de 1996, contestando a una consulta, que se considera "renuncia comunicada fehacientemente" la constancia en escritura pública de que el transmitente ha recibido una suma de dinero en concepto de IVA aunque no aparezca la renuncia expresamente a la exención, toda vez que, con la referida indicación, se cumple suficientemente el requisito establecido reglamentariamente, con el que se pretende que ambas partes conozcan el Impuesto al que se somete la operación, mediante una manifestación que igualmente haga fe frente a terceros (la Hacienda Pública en este caso).
Por todo ello, hay que entender que no resulta esencial que aparezca literalmente en la escritura una renuncia expresa del transmitente a la exención del IVA, siendo suficiente la constancia de haberse repercutido el Impuesto en la propia escritura de compraventa, pues de esta forma es incuestionable que adquirente y transmitente manifiestan su intención y conocimiento indubitado de que la operación queda sujeta al IVA.
En conclusión, lo que verdaderamente interesa no es la constancia en la escritura del término "renuncie" sino el dato real del cumplimiento del fin perseguido en la norma, que no es otro que el de garantizar la posición del adquirente, frente a repercusiones no queridas, y este fin puede alcanzarse bien mediante la utilización del término "renuncia" en la escritura o a través de cualquier otro del que pueda derivase que el transmitente renuncie, explícita o implícitamente a la exención, que, propicia una opción en favor de la mecánica del tributo y no la exoneración del gravamen" (F. de D. 6.º) (ECLI:ES:TS:2006:1451).

143 Sentencia del Tribunal Supremo, de 13 de diciembre de 2006, Rec. nº 4704/2001 (ECLI:ES:TS:2006:8500 (*Tol 1028262*)].

144 Sentencia del Tribunal Supremo, de 24 de enero de 2007, Rec. nº 4108/2001 (ECLI:ES:TS:2007:1011 (*Tol 1038388*)].

145 Sentencia del Tribunal Supremo, de 20 de enero de 2011, Rec. nº 24/2005, dictada en un Recurso de Casación en interés de Ley [ECLI:ES:TS:2011:242 (*Tol 2035394*)].

146 Sentencia del Tribunal Supremo, de 23 de noviembre de 2011, Rec. nº 2205/2007 [ECLI:ES:TS:2011:7456 (*Tol 2287470*)].

147 Sentencia del Tribunal Supremo, de 15 de enero de 2015, dictada en un Recurso nº 507/2013 para unificación de doctrina [ECLI:ES:TS:2015:110 (*Tol 4687223*)].

introducción de este régimen fiscal específico —que permite la excepción al régimen especial en el IVA a este tipo de operaciones, y comporta su sujeción por el Impuesto sobre Transmisiones Patrimoniales—, la consecución de la intención de las partes por encima de interpretaciones rígidas y literales y, todo ello, sin dañar al Erario público.

Así, en la citada Sentencia del Tribunal Supremo, 15 de enero de 2015, comienza su f.j. 3º recordando la doctrina del TJUE que prima la interpretación de la normativa nacional de conformidad con el principio de neutralidad establecido por la Sexta Directiva, "sin que formalismos sin significación alguna para la gestión del impuesto o la prevención del fraude puedan impedir el derecho a deducir". En el caso que enjuició, no se discutía que el transmitente y el adquirente eran sujetos pasivos del impuesto, y que éste último tenía derecho a la deducción, sino que se reprocha la falta de la declaración suscrita por la adquirente. Y, tras analizar los términos de la escritura notarial en la que consta que se ha repercutido el IVA —aunque no se mencione expresamente la renuncia a la exención del IVA—, considera que "con los documentos del negocio, queda plenamente cumplida la finalidad del requisito formal en cuanto a los intereses de los intervinientes, quedando igualmente salvaguardados los intereses de la Hacienda, que ningún quebranto ha podido sufrir por esa omisión formal irrelevante". Esta doctrina podría trasladarse al caso que nos ocupa de la opción por la renuncia a la aplicación del régimen especial en las agencias de viaje en el IVA asumiendo, también, una exégesis partidaria de relativizar las exigencias formales relacionadas con la comunicación de dicha opción, por parte del sujeto pasivo, al destinatario de la prestación del servicio, antes o al tiempo de llevarse a cabo la operación.

Incluso, la citada Sentencia de 15 de enero de 2015, que comentamos, también relaja la exigencia prevista en el art. 8.1 del RIVA de comunicación de su condición de sujeto pasivo, y de su derecho a deducir el 100% del IVA, que tiene que realizar el adquirente al transmitente, si la misma no se incluyó, inicialmente, en la escritura pública, y fue introducida, con posterioridad, al efectuarse una diligencia de rectificación notarial, considerando válida esta subsanación. Recalcando que ni siquiera resulta exigido, normativamente, "que el adquirente comunique a la Hacienda Pública el cumplimiento de los requisitos formales exigidos en la citada norma para otorgar validez a la renuncia a la exención, sino que constituye un acto inter-partes".

En conclusión, teniendo en cuenta la similitud de las exigencias establecidas en el Reglamento del IVA, tanto para la opción por la renuncia al régimen especial del IVA en las agencias de viaje, como la opción por la renuncia a la exención en el IVA de determinadas operaciones inmobiliarias, podemos entender aplicable, a nuestro caso, la doctrina del Tribunal Supremo favorable a una interpretación laxa y favorable del ejercicio de la consiguiente opción tributaria —e, incluso, a su rectificación posterior—, con la deducción del IVA correspondiente, aunque no se haya cumplido escrupulosamente con los requisitos formalmente establecidos.

C.4.7. EN DEFINITIVA, UNA OPCIÓN TRIBUTARIA "*SUI GENERIS*"

Una vez analizado el régimen jurídico, sustantivo y formal, establecido en la Ley del IVA, y en el art. 52 del Reglamento de desarrollo, estamos en condiciones de afirmar que nos hallamos ante una "opción tributaria", introducida, por la Ley 28/2014, en la normativa tributaria española, no reflejado explícitamente en la Sexta Directiva comunitaria —aunque, obviamente, persigue la efectividad del principio de neutralidad—, y que, en la práctica, supone otorgar la posibilidad de optar por evitar la aplicación de un régimen fiscal especial a unas determinadas operaciones relativas a viajes y circuitos turísticos que, en términos comunitarios, resultaría de obligatoria aplicación.

A pesar de esta situación normativa española tan "peculiar"[148], lo bien cierto es que, quizás, no ha merecido censura jurídica porque esta posibilidad de renunciar a la aplicación obligatoria del régimen fiscal especial en el IVA se halla regulada de una manera correcta y acorde con los fines que la misma persigue, sin dejar de ser respetuosa con el principio de neutralidad en este Impuesto, y sin implicar, en ningún caso, una defraudación fiscal.

---

148 LONGAS LAFUENTE, A., *Impuesto sobre el Valor Añadido (2), op. cit.,* pág. 1906, considera que esta opción prevista por la normativa española se muestra contraria a la doctrina fijada por la Sentencia del TJUE, de 8 de febrero de 2018, Asunto C-380/16, Comisión contra Alemania, de la que se deduce que no puede excluirse del régimen a los operadores "intermediarios que actúan en nombre propio, por lo que este principio debería extenderse también a quien siendo empresario o profesional contrata el servicio con la agencia de viajes. Así, para el TJUE, al excluir del régimen especial los servicios de viaje presentados a los clientes que utilizan dichos servicios en nombre de su empresa, se excluye del esquema de tributación del régimen al sector B2B; y mediante esta exclusión se impide que las empresas que venden servicios de viaje a otras empresas en cuestión puedan beneficiarse del régimen y, al hacerlo, limita la aplicación de dicho régimen de una manera que menoscabe el objetivo del régimen".

De hecho, el Tribunal Supremo, ya en la Sentencia, de 22 de noviembre de 2012[149], ha venido reiterando que "el principio de neutralidad fiscal exige que se conceda la deducción de la cuota soportada si se cumplen los requisitos materiales, aun cuando los sujetos pasivos hayan omitido determinados requisitos formales (Sentencias de 27 de septiembre de 2007 (TJCE 2007, 244), Collée (C-146/05, apartado 31) y de 8 de mayo de 2008 (TJCE 2008, 105), Ecotrade (asuntos acumulados C-95/07 y 96/07, apartados 62 y 63)" [véanse entre otras las Sentencias de 1 de diciembre de 2011 (RJ 2012, 3577) (rec. cas. núm. 786/2009), FD Tercero; de 26 de enero de 2012 (RJ 2012, 3205), (rec. cas. para la unif. de doctrina núms. 300/2009 y 1560/2010 (RJ 2012, 3211). FFDD Cuarto y Tercero, respectivamente]; y de 26 de abril de 2012 (RJ 2012, 6284) ((rec. cas. para la unif. de doctrina, núm. 149/2010), FD Quinto"[150].

No deja de resultar, también, una circunstancia llamativa que la propia regulación de esta opción exija el cumplimiento de una serie de requisitos formales, aunque se establecen en términos ciertamente laxos y flexibles, para favorecer, en realidad, que, en la mayoría de ocasiones, lo que debería ser la excepción —la aplicación del régimen general del IVA a este tipo de operaciones—, se convierta

149 Sentencia del Tribunal Supremo, de 22 de noviembre de 2012, Rec. nº 4169/2010 [(*Tol 2706382*). ECLI:ES:TS:2012:7947].

150 Esta Sentencia del Tribunal Supremo sigue afirmando: "Del mismo modo hemos mantenido que "todas las obligaciones formales en el marco del impuesto sobre el valor añadido están pensadas para facilitar la correcta aplicación de tal tributo, de cuyo mecanismo forma parte indisociable aquel derecho. Una aplicación desproporcionada de esas exigencias adjetivas podría hacer quebrar el objetivo básico al que sirve el reconocimiento del derecho a deducir, que no es otro que el de garantizar la plena neutralidad del impuesto sobre el valor añadido, clave de bóveda que sujeta la configuración de este tributo, según ha reiterado el Tribunal de Justicia de la Unión Europea (sentencias de 14 de febrero de 1985, Rompelman (268/83, apartado 19), 21 de septiembre de 1988 (TJCE 1989, 31), Comisión/Francia (50/87, apartado 15), 15 de enero de 1998 (TJCE 1998, 1), Ghent Coal Terminal (C-37/96, apartado 15), 21 de marzo de 2000 (TJCE 2000, 47), Gabalfrisa y otros (asuntos acumulados C-110/98 a C-147/98, apartado 44) y 25 de octubre de 2001 (TJCE 2001, 296), Comisión/Italia (C-78/00, apartado 30)" [Sentencias de 10 de mayo de 2010 (RJ 2010, 4941), cit., FFDD Cuarto y Tercero, respectivamente; de 24 de marzo de 2011 (RJ 2011, 2544), cit., FD Quinto; de 9 de mayo de 2011, cit., FD Quinto; de 3 de junio de 2011, cit., FD Segundo; de 18 de julio de 2011 (RJ 2011, 6636), cit., FD Tercero; de 1 de diciembre de 2011 (RJ 2012, 3577), cit., FD Tercero; y de 26 de enero de 2012 (RJ 2012, 3211), cit., FFDD Cuarto y Tercero respectivamente]."

en el régimen que usualmente se aplique. Laxitud y flexibilidad en los deberes formales previstos normativamente, junto con una interpretación favorable al ejercicio de la opción aunque se no se haya observado escrupulosamente alguno de aquellos, pero concurra alguna actuación del titular del derecho de opción que permita tener clara su voluntad —quizás, sin perjuicio, de la sanción por la infracción cometida—, que persigue evitar la ruptura de la cadena de deducción del IVA y, por tanto, respeta el principio de neutralidad[151], sin comportar defraudación fiscal alguna.

El juego de la dinámica en que se desenvuelve la aplicación de este Impuesto indirecto, por una parte, y la posibilidad de optar por la renuncia a un régimen fiscal específico para unas determinadas operaciones, se presenta con matices peculiares, en nuestro caso. De hecho, no cabe duda de que la facultad para no aplicar el REAV y, por el contrario, sujetar una determinada prestación de servicios al régimen general del IVA —si se cumplen una serie de exigencias normativas—, resulta atribuida, en exclusiva, a la agencia de viajes que realiza dicha operación, en virtud de lo que establece el artículo 147 de la Ley del IVA. Esto es, la agencia de viajes es el titular del derecho de opción, aunque, en realidad, el destinatario de los efectos de esa opción —por ser a quien pretende beneficiarse con la elección que realiza el sujeto pasivo del IVA—, es el empresario que recibe la prestación del servicio por parte de dicha agencia de viajes.

Aun no coincidiendo, en el mismo obligado tributario, la condición de titular del derecho a ejercitar la opción —la agencia de viajes mayorista— con la persona que resulta beneficiada por el ahorro fiscal o la posibilidad de deducir el IVA soportado —empresario que recibe la prestación del servicio—, ello no permite que el empresario a quien se repercute el IVA pueda conminar jurídicamen-

---

151 El TEAC, en la Resolución de 20 de septiembre de 2023, Rec. nº 4681/2021, considera que el principio de neutralidad del IVA impone que el incumplimiento de los requisitos formales sólo puede impedir el ejercicio de un derecho cuando impida la comprobación del cumplimiento de requisitos materiales. En el caso que enjuiciaba, aunque inicialmente no se repercutió el IVA por considerar que la operación estaba exenta y así se dejó constancia en la escritura notarial —que, por lo demás, contenía todos los datos esenciales que deben constar en una factura—, si posteriormente, en el plazo de 4 años desde el devengo documentado de la operación, se efectúa una recalificación de la operación como no exenta que supone una rectificación de la factura, debe admitirse el derecho a deducir el IVA, pues se considera que la escritura notarial hacía prueba de la operación gravada, y quedaba correctamente salvaguardada la correcta recaudación del IVA y su control por la Administración tributaria.

te al titular del derecho para que ejercite esa opción, ni siquiera oponerse a que el sujeto pasivo la ejercite. Dado que la propia regulación reglamentaria, en el art. 52, obliga a comunicar el ejercicio de la opción con antelación a la prestación del servicio, o, como mucho, en el momento de su prestación, lo que podrá realizar es no contratar la prestación de servicios con dicha agencia, si no le conviene, fiscalmente, la decisión de dicha agencia de viajes en la medida en que le impida deducirse el IVA que le sea repercutido.

Además, resulta llamativo que el sujeto pasivo que presta el servicio, para poder ejercitar la opción en el IVA, tenga que conocer, con carácter previo, el cumplimiento de determinadas circunstancias subjetivas por el destinatario del servicio —como, por ejemplo, que el destinatario de la prestación del servicio de viaje sea un empresario con derecho a la deducción, convirtiéndose en presupuesto material de aplicación de la opción[152]—. Para evitar que se le pueda implicar en una incorrecta aplicación de la opción, y, en consecuencia, en una deducción incorrecta del IVA por ese tercero, deberá adoptar las medidas razonables necesarias para probar que no conocía, ni podía conocer, esas falsedades.

En fin, no deja de resultar también destacable, por singular, que si la comunicación de la opción se efectúa con la emisión de la factura —en la que se describirá la prestación de servicios asociada al devengo del IVA—, no se exija la inclusión de una referencia expresa a la sujeción al régimen general del IVA, sino que, para admitir la opción por la aplicación del régimen general, basta con que no se haga referencia expresa a la sujeción al régimen especial en el IVA. A buen seguro es así porque la aplicación del régimen general del IVA quedará plasmado en la propia factura, donde se dejará constancia, de forma expresa y diferenciada, de la base imponible, tipo de gravamen y cuota.

---

[152] COMPANY PARODI, T., *Las opciones tributarias en el ordenamiento español. Op. cit.*, pág. 163.

D. CONCLUSIONES

1.- Si bien la reforma introducida en la Ley 37/1992, del IVA, por la Ley 28/2014, tuvo como objetivo acompasar la regulación del Impuesto, en lo atinente al régimen especial previsto para las agencias de viajes, a las exigencias derivadas de la Sentencia del TJUE, de 26 de septiembre de 2013, en relación con los destinatarios de la prestación del servicio de viajes u organización de circuitos turísticos, se aprovechó la modificación normativa española, que entró en vigor el 1 de enero de 2015, para introducir, novedosamente —sin que venga recogido expresamente en la Directiva comunitaria—, la posibilidad de que quien presta un servicio relacionado con la organización de un viaje con alojamiento o manutención, y sus accesorios o complementarios, si cumple determinadas exigencias, pueda renunciar a la aplicabilidad —obligatoria— de dicho régimen especial y excepcional para cada operación concreta, y pueda repercutir el Impuesto, asociado a esa operación, mediante las reglas previstas para el régimen general del IVA.

2.- El objetivo de la reforma normativa, con la introducción de la posibilidad de renuncia a ese régimen especial para cada prestación de servicios, es claro.

Por una parte, con la regulación de esta renuncia, se pretende asegurar la vigencia y aplicación del principio de neutralidad, al permitir que, mediante la renuncia al régimen especial y la consiguiente aplicación del régimen general, el empresario que recibe la prestación del servicio relacionado con un viaje o un circuito turístico pueda deducirse el IVA correspondiente —pues es una exigencia normativa que el destinatario tenga derecho a la deducción o devolución del IVA repercutido por esa concreta operación—.

De no optarse por la renuncia al régimen especial:

i) la agencia de viajes no tiene que consignar por separado, en la factura —en la que debe constar expresamente la mención "régimen especial de las agencias de viajes—, la cuota repercutida, entendiéndose el IVA incluido en el precio de la operación;

ii) y el destinario de la prestación del servicio no puede deducir el IVA soportado, correspondiente a esa operación.

Cierto es que, con este régimen especial del IVA, se persigue simplificar la gestión del tributo en este sector económico y evitar la complejidad que se produce cuando se contratan servicios que pueden prestarse en varios países —que tengan la condición de territorio de aplicación del Impuesto, o no—, con la consiguiente dificultad a la hora de liquidar e ingresar, o solicitar la devolución, del correspondiente IVA, correctamente, en los países implicados. E, incluso, evitar los problemas asociados a una correcta distribución de la recaudación del IVA entre los diversos Estados implicados.

3.- Con las miras puestas en facilitar e, incluso, generalizar la aplicación de la opción por la renuncia al régimen especial de las agencias de viaje en el IVA, la norma legal introducida mediante la Ley 28/1994 —con remisión a lo especificado en el Reglamento de desarrollo— opta por una comunicación de la renuncia a aplicar el régimen especial del IVA, en cada operación que se lleve a cabo, al destinatario del servicio —ni siquiera a la Administración tributaria, en ese mismo momento—.

En este sentido, limitando al máximo las formalidades, se admite que esa comunicación se realice mediante cualquier medio válido en Derecho.

Y, por eso, la normativa tributaria permite, por ejemplo, que pueda llevarse a cabo en la propia factura que se emita al llevar a cabo la prestación de cada servicio, en la que bastará que no se refleje la sujeción de esa prestación de servicios al régimen fiscal especial —en cuyo caso, se reflejará en la factura, de forma expresa y diferenciada, la base imponible, el tipo de gravamen y la cuota—, admitiéndose, también, que se aluda a la aplicabilidad del régimen general del IVA.

Así pues, cuando se desprenda, de la factura (no en los libros-registro), que la prestación del servicio a que se refiere no se sujeta al régimen especial del IVA relativo a las agencias de viajes, tiene que considerarse que esa es la voluntad del sujeto pasivo, pues dicha factura constituye el documento básico acreditativo del régimen tributario al que se somete esa operación e implica, de suyo, el ejercicio de una "opción tributaria" —en el sentido del art. 119.3 LGT—.

4.- La decisión de renunciar al régimen especial del IVA, y aplicar a esa concreta operación el régimen general en esa operación, desglosando en la factura el IVA correspondiente —permitiendo, por ende, al destinatario su deducción— es una opción tributaria —a las que alude genéricamente el art. 119.3 LGT, en relación con el momento en que puede ser rectificada—, si atendemos, ante la falta de definición de dicho concepto por la LGT, a la doctrina sentada por el Tribunal Supremo, y que, dada su reiteración y consolidación, justificaría, si más no, una modificación del citado precepto para acunar, en un precepto legal, lo que hasta ahora no ha sido sino objeto de bautismo jurisprudencial, ganando así en seguridad jurídica todos los implicados.

En nuestro caso, además, la regulación reglamentaria establece unas previsiones específicas en relación con el momento en que ha de entenderse ejercitada dicha opción. Es voluntad del artículo 52 del Reglamento IVA —por remisión de la Ley— que esa opción por la renuncia, en cada operación, al régimen especial —y consiguiente aplicación a la prestación de ese servicio del régimen general— se lleve a cabo mediante la comunicación al destinatario, antes de la prestación del servicio (por ejemplo, cuando se redacta el contrato relativo a esa operación, o se comunica por correo electrónico o de otro modo, fehacientemente) o coetáneamente a su prestación (al emitir la factura).

No se permite, expresamente, que esa renuncia pueda llevarse a cabo con posterioridad. Por eso, consideramos que no resulta aplicable la previsión del art. 119.3 LGT que permitiría, a quien presta el servicio y es sujeto pasivo del IVA, modificar el sentido de la opción por la aplicación del régimen general o del especial hasta el momento de la presentación de la correspondiente autoliquidación del IVA relativa a esa operación. Si una de las finalidades de la renuncia al régimen especial es la posibilidad de especificar el IVA devengado por esa operación, y su deducción por el destinatario, una modificación posterior de la decisión por quien emite la factura, para evitar la aplicación del régimen general, y que resulte sujeta al régimen especial, tendría una repercusión fiscal en un tercero —al impedirle la deducción del IVA—, que, además de lesionar la seguridad jurídica, podría llegar a poner en entredicho el principio de neutralidad.

Situación distinta sería si, por ejemplo, quien presta el servicio ha reflejado, en la factura, específicamente, la sujeción de esa operación en el régimen especial —no desglosando el IVA correspondiente— y, con posterioridad, antes o en el momento de la liquidación del IVA de esa operación al presentar su autoliquidación, quisiera rectificar el error consignado en esa factura y, rectificándola, desglosar el IVA y reflejar ahora la renuncia al régimen especial —permitiendo al destinatario la deducción del IVA—. En este caso, una interpretación favorable al principio de neutralidad del IVA, que no causa perjuicio alguno a la Hacienda pública, debería admitir esa rectificación —lo que, de suyo, supondría la aplicación de la previsión del art. 119.3 LGT—. No así, quizás, si la rectificación por el prestador del servicio quisiera producirse una vez ya presentadas las correspondientes autoliquidaciones del IVA por ambos sujetos.

5.- A pesar de las escasas formalidades previstas para el ejercicio de la opción por la renuncia al régimen especial del IVA en cada operación llevada a cabo por una agencia de viajes, pueden darse supuestos controvertidos.

Uno de ellos podría ser el caso de que, al emitir la factura, por ejemplo, no se hiciera referencia a la aplicación del régimen especial o se reflejara expresamente su exclusión, en esa operación concreta, y que, en el momento de presentar la autoliquidación del IVA, la agencia de viajes que ha emitido la factura no incluyera el IVA que ha repercutido —al someterse la operación al régimen general—, como si estuviera aplicando el régimen especial. En este caso, el sujeto pasivo estaría presentando una autoliquidación del IVA contraria a la opción ya ejercitada en la factura, y habría dejado de consignar un IVA devengado y, probablemente, abonado por el tercero destinatario de la prestación del servicio a la agencia de viajes, que ésta debía haberlo ingresarlo en la Hacienda pública o deducirlo de su IVA soportado. En estos casos, nos mostramos partidarios de permitir la rectificación correspondiente al sujeto pasivo.

A otra conclusión diferente nos debería llevar el supuesto en que la prestación del servicio se lleva a cabo respecto de sujetos no establecidos en el territorio de aplicación del Impuesto, habiéndose emitido factura de cada operación, reflejando que dicha prestación de servicio se acoge al régimen general —o que se renuncia al régimen especial del IVA—, estando exentas de IVA y, sin embargo, la agencia de viajes que presta el servicio procede, erróneamente, al ingreso de unas cuotas de IVA a la Hacienda pública. En este caso, no puede cuestionarse que el ejercicio de la opción por la renuncia al régimen especial de las agencias de viaje se habría producido, efectivamente, al comunicarse en la factura, a su destinatario. Sin que resulte factible, con posterioridad al momento de presentación de la autoliquidación del IVA, la modificación del ejercicio de la opción —art. 119.3 LGT—.

Lo que se habría producido es un error en la presentación de la autoliquidación por parte del emisor de la factura. En este caso, el ejercicio de la opción de renuncia al régimen especial, con la emisión de la factura, tratándose de operaciones exentas de IVA, resulta contradictorio con el ingreso, por el sujeto pasivo, del IVA, generándose un enriquecimiento injusto de la Hacienda pública. Por eso, en aras de la eficacia del principio de neutralidad, no deben establecerse valladares, ni materiales ni formales, para que se acuerde el reembolso del IVA indebidamente ingresado.

6.- En fin, no nos resistimos a apuntar que, a pesar de las ventajas de este régimen fiscal para las operaciones que hemos descrito, de que su regulación facilita el cumplimiento de los fines que pretende conseguir, e, incluso, de su entibo en principios de honda raigambre comunitaria —como el de neutralidad—, lo bien cierto es que la modificación normativa introducida por la Ley 28/1994, para acompasar la legislación española del IVA a la doctrina del Tribunal de Luxemburgo, introduciendo esta posibilidad de renunciar, en cada operación, a la aplicación de un régimen fiscal especial que resulta ser obligatorio en el ámbito comunitario, no se recoge expresamente en la Directiva comunitaria.

En este sentido, resulta llamativo que, hasta la fecha, ni las instituciones comunitarias —ni el TJUE— se hayan pronunciado sobre su adecuación a las disposiciones de la UE, ni que, tampoco, esas mismas instituciones comunitarias hayan sido capaces de introducir modificaciones en la Directiva Comunitaria para asumir las bondades fiscales de la introducción de esta opción por renunciar a este régimen tributario especial en los casos en que puede aplicarse; además, en los términos tan acordes con el objetivo a conseguir con que viene regulada por la normativa reglamentaria española.

E. BIBLIOGRAFÍA

ARRIETA MARTÍNEZ DE PISÓN, J., "IVA: Regímenes especiales. Operaciones internacionales", *Sistema tributario español: materiales 2023*, págs. 163-178.

AA.VV., *El IVA en España*. Lex Nova, Valladolid, 1987.

BAEZ MORENO, A., "Las obligaciones alternativas y los derechos fiscales de opción. Solución a un problema tributario desde el derecho civil", *Revista chilena de derecho*, nº 1, 2002, págs. 35-45.

BRIZ DE LABRA, R., "Los regímenes especiales del IVA en los países de la Comunidad Económica Europea", *Hacienda Pública Española*, nº 96, 1985, págs. 279-301.

CALVO VÉRGEZ, J., "El régimen especial de las agencias de viaje en el IVA a la luz de la sentencia del TJUE de 26 de septiembre de 2013", *Quincena fiscal*, Nº 7, 2014, págs. 145-157

– "El régimen especial de las agencias de viaje en el IVA", *Unión Europea Aranzadi*, Nº 5, 2017, págs. 51-86.

CAYÓN GALIARDO, A., "Los efectos del incumplimiento de las condiciones y requisitos exigibles para el ejercicio de derechos y opciones por parte del contribuyente", *Revista Técnica Tributaria*, nº 85, 2009.

CHECA GONZÁLEZ, C., *Los regímenes especiales de liquidación del IVA*. Comares, Granada, 1986.

COMPAÑ PARODI, T., *Las opciones tributarias en el ordenamiento español*. Tirant lo Blanch, Valencia, 2018.

– "Los difusos contornos de la figura de la opción tributaria y su incidencia en la seguridad jurídica de los contribuyentes", *Seguridad jurídica y derecho tributario: presente y futuro*. Aranzadi, Pamplona, 2019, págs. 153-170.

CORDERO GONZÁLEZ, E. M., "Compensación de bases imponibles negativas y rectificación de opciones tributarias", *Revista de contabilidad y tributación*, Nº 461-462, 2021.

– "La compensación de BINS es un derecho del contribuyente y no una opción tributaria del artículo 119.3 de la LGT: análisis de la STS de 30 de noviembre de 2021, rec. núm. 4464/2020", *Revista de contabilidad y tributación*, nº 467, 2022, págs. 112-124.

– "Las opciones tributarias: su ejercicio y rectificación en la reciente jurisprudencia y doctrina administrativa", *Retos del derecho financiero y tributario ante los desafíos de la economía digital y la inteligencia artificial*. Tirant lo Blanch, Valencia, 2021, págs. 667-689.

CUBERO TRUYO, A., "Los 'regímenes especiales' en la Sexta Directiva de la CEE", *Noticias CEE*, nº 69, 1990, págs. 62-81.

CUBILES SÁNCHEZ-POBRE, P., "Tributación de las agencias de viajes: fiscalidad directa e indirecta. Situación actual y propuestas de futuro", *Tourism & Managment studies*, nº 8, 2012, págs. 108-124.

DE MIGUEL CANUTO, E., "Actuaciones de intermediación "transparente" ante el Impuesto sobre el Valor Añadido", *Revista Quincena Fiscal* nº 4, 2023, BIB 2023\282.

– "Principio de igualdad de trato en materia de Impuesto sobre el Valor Añadido", *Revista Quincena Fiscal*, nº 14, 2019, BIB 2019\6427

DE UÑA REPETTO, J., "Agencias de viajes: importante reforma de su régimen especial en el IVA", *Estrategia Financiera*, nº 333, diciembre 2015.

DELGADO PACHECO, A., "El régimen de las operaciones de agencia y mediación en el IVA", *CT*, nº 45, 1983.

DELGADO PACHECO, A., y GARCÍA RUIZ, A., "El concepto de opción en la Ley General Tributaria (artículo 119, apartados 3 y 4 de la LGT)", *Papers AEDAF*, nº 16, 2020.

DOCAVO ALBERTI, L., "La aplicación del IVA a las Agencias de Viajes, con arreglo a la Ley 37/1992, de 28 de diciembre, y modificaciones posteriores", *Impuestos*, Nº 2, 1995, págs. 394-412.

– "Comentarios a las resoluciones de la Dirección General de Tributos sobre la aplicación del Impuesto sobre el Valor Añadido (IVA) a las relaciones entre agencias de viajes y hoteles", *Revista de derecho financiero y de hacienda pública*, nº 199, 1989, págs. 263-271.

D'OCÓN ESPEJO, A. M., "Régimen especial de las agencias de viajes (arts. 141 a 147 LIVA)", AA.VV., *Comentarios a la Ley y Reglamento del IVA*, Vol. 2. Civitas, 2012, págs. 507-528.

GARCÍA PRATS, F. A., "Finanzamt Heidelberg e ISt internationale Sprach- und Studienreisen GmbH. Sentencia del Tribunal de Justicia (Sala Segunda) de 13 de octubre de 2005. Asunto: C-200/04", *Revista Técnica Tributaria*, nº 74, 2006.

GIMÉNEZ-REYNA RODRÍGUEZ, E., "El ejercicio de opciones por el contribuyente", en *XI Congreso tributario: La justicia y los contribuyentes ante la reforma de la Ley General Tributaria*. Foro Jurídico, Valencia, 2016, págs. 179-221.

GÓMEZ ARAGÓN, D., "La renuncia a la aplicación del régimen especial de las agencias de viajes en el IVA", *Carta tributaria*, Nº 12, 2016, págs. 31-53.

GÓMEZ TABOADA, J., "Las opciones tributarias: cuando la tierra se abre bajo nuestros pies", *Quincena fiscal*, Nº 5, 2012, págs. 31-55.

– "Opciones tributarias, ¿la nueva trinchera?", *Actualidad Jurídica Aranzadi* nº 837, 2012.

GONZÁLEZ APARICIO, M., "El ejercicio de la deducción por las cuotas soportadas de IVA como derecho del contribuyente: Análisis de las Sentencias del TS de 23 de febrero y de 25 de abril de 2023", *Nueva fiscalidad*, Nº 2, 2023, págs. 303-316.

GUERVÓS MAÍLLO, M. A., *Los regímenes especiales del Impuesto sobre el valor añadido*. Tirant lo Blanch, Valencia, 2015.

HERNANDO, B., *La reforma del IVA*, Tirant lo Blanch, Valencia, 2015.

HERRERA MOLINA, P. M., "El lugar de realización de las prestaciones de servicios en el régimen especial de las agencias de viajes (Comentario a la STJCE de 20 de febrero de 1997, Asunto C-260/95, "DFDS")", *Revista Impuestos*, nº 1/1998.

HUELIN MARTÍNEZ DE VELASCO, J., "Los actos propios de la administración tributaria y de los contribuyentes: el principio de confianza legítima en la aplicación de los tributos y el ejercicio de opciones por el contribuyente: una visión jurisprudencial", *XI Congreso tributario: La justicia y los contribuyentes ante la reforma de la Ley General Tributaria*. Foro jurídico, Valencia, 2016, págs. 147-168.

IGLESIAS CARIDAD, M., "El régimen especial de agencias de viajes en el proyecto de reforma de 2014 de la normativa española del IVA y su adecuación al Derecho y Jurisprudencia europeos", *Encuentro de derecho financiero y tributario. La reforma del sistema tributario español*. IEF, Madrid 2015, págs. 71-90.

JUAN LOZANO, A. M., "Algunos interrogantes respecto a la identidad del procedimiento de inspección: cuestiones funcionales, temporales y estructurales", *V Congreso Tributario: cuestiones tributarias problemáticas y de actualidad*. CGPJ-Escuela Judicial, Estudios de Derecho Judicial, nº 156, 2010.

– "De nuevo sobre las opciones tributarias: Los límites del artículo 119.3 LGT y el principio de capacidad económica; aspectos pendientes en la jurisprudencia", El Derecho, Tribuna, 06-11-2017.

JUAN LOZANO, A. M., *Opciones tributarias y derechos de defensa: cuestiones prácticas: (problemas de interpretación y aplicación del artículo 119.3 LGT)*. Francis Lefebvre, Madrid, 2018.

LONGAS LAFUENTE, A., *Impuesto sobre el valor añadido. Comentarios y casos prácticos*. CEF, Valencia, 2023.

LUCHENA MOZO, G. M., "Localización de las prestaciones de servicios en el IVA y sus regímenes especiales", *AEDAF. Asociación Española de Asesores Fiscales*, Madrid, 2015.

MACARRO OSUNA, J. M., "Regímenes discriminatorios para no residentes y opciones tributarias", *Nueva fiscalidad*, nº 2, 2021, págs. 315-327.

MALVÁREZ PASCUAL, L. A., "Las exigencias formales para el ejercicio de opciones fiscales. Estudio de su régimen jurídico a la luz del principio de proporcionalidad", *Revista Técnica Tributaria*, nº 88, 2010, págs. 23-75.

MARTÍNEZ-CARRASCO PIGNATELLI, J. M., "La Ley 28/2014 y la reforma de la fiscalidad indirecta", *Gaceta Fiscal*, nº 359, 2016.

MARTÍNEZ LAFUENTE, A., "Acerca de "la teoría del conocimiento" en derecho tributario", *BIT Plus*, nº 286, 2024.

MARTÍNEZ MUÑOZ, Y., "Las opciones en la LGT", *Tratado sobre la Ley General Tributaria: homenaje a Álvaro Rodríguez Bereijo.* Aranzadi, Pamplona, 2010 (Tomo II), págs. 427-440.

– "El principio de neutralidad en el IVA en la doctrina del TJUE", *Civitas, REDF*, nº 145, 2010.

MARTÍN RODRÍGUEZ, J. M., "La (im)posibilidad de rectificar opciones tributarias: un debate abierto. Análisis de la STSJ de Valencia 1089/2018, de 7 de noviembre de 2018", *Nueva fiscalidad*, nº 1, 2019, págs. 291-307.

MARQUEZ SILLERO, C., y MÁRQUEZ MÁRQUEZ, A., "La compensación de bases imponibles negativas: ¿derecho u opción? Comentario a la STS de 30 de noviembre de 2021- R. Casación número 4464/2021", *Quincena fiscal*, Nº 8, 2022.

MENÉNDEZ MORENO, A., "Derechos y opciones en materia tributaria (I). En los pronunciamientos de nuestra jurisprudencia" (I) y (II), *Quincena fiscal*, Nº 9 y 11, 2022.

MONTESINOS OLTRA, S., "Aplicación de cantidades pendientes de compensación o deducción y opciones tributarias: análisis del nuevo apartado 4 del artículo 119 de la Ley General Tributaria", *Crónica tributaria*, nº 161, 2016, págs. 97-143.

– "El concepto de opción tributaria", *Civitas, REDF*, nº 176, 2017, págs. 107-150.
– "La compensación de bases imponibles negativas como ejercicio de una opción tributaria: ¿acierto definitivo o perseverancia en el error por parte del TEAC?", *Carta tributaria*, nº 50, 2019.
– "Compensación de bases imponibles negativas, opciones tributarias y principio de regularización íntegra", *Nueva fiscalidad*, Nº 3, 2021, págs. 65-108.
– "Según el Tribunal Supremo, la compensación de bases imponibles negativas en el Impuesto sobre Sociedades no es una opción tributaria, sino un «verdadero derecho autónomo»: Sentencia del Tribunal Supremo nº. 4394/2021, de 30 de noviembre (rec. 4464/2020)", *Carta Tributaria*, Nº. 83, 2022.

PASCUAL GONZÁLEZ, M. M., "Análisis comparativo del régimen especial de las agencias de viajes en el IVA y en el IGIC", *Anales de la Facultad de Derecho. Universidad de la Laguna*, nº 17, 2000, págs. 195-206.

– "El régimen especial de las agencias de viajes en el IVA y en el IGIC", *Crónica tributaria*, nº 112, 2004, págs. 95-110.

PUEYO MASÓ, J. A., "La tributación por IVA de las agencias de viaje que actúan por medio de agencias o representaciones en el extranjero autorizadas para contratar en nombre y por cuenta de las mismas", *Carta tributaria*, nº 22, 2001, págs. 1-14.

QUEROL GARCÍA, V., "El IVA y las agencias de viajes", *Gaceta Fiscal*, nº 5, 1983.

RAMÍREZ GÓMEZ, S., "Régimen especial de las agencias de viajes", AA.VV., *Los regímenes especiales del impuesto sobre sociedades y del IVA*. 2016, págs. 375-387.

RAMOS HERRERA, A. *Los requisitos formales en el ejercicio del derecho a la deducción del IVA*. Tirant lo Blanch, Valencia, 2021.

SÁNCHEZ HUETE, M. A., "Régimen especial de agencias de viaje. Unidad de prestación, diversidad de tipos", *Revista Quincena Fiscal*, nº 9/2013, BIB 2013\920.

– "Los medios propios y los medios ajenos en el régimen especial de agencias de viaje. El caso Minerva", *Noticias de la Unión Europea*, nº 331, 2012, págs. 123-128.

SÁNCHEZ GALLARDO, F. J., "El régimen especial de las agencias de viaje. Algunos comentarios a la jurisprudencia del TJCE", *Carta Tributaria monografías*, nº 3, 2006.

SANZ DÍAZ-PALACIOS, J. A., "Impuesto sobre el valor añadido y agencias de viajes: Comentario a la STJ de 16 de enero de 2014 (Ibero Tours)", *La Ley Unión Europea*, 13, 2014, pág. 31.

– "La posibilidad de aplicar el tipo reducido del IVA en el régimen especial de las agencias de viajes (Reflexiones en el contexto de la sentencia del Tribunal de Justicia de la Unión Europea de 26 de septiembre de 2013)", *La Ley Unión Europea*, nº 8, 2013.

SERRANO CAÑAS, J. M., y RECIO RAMÍREZ, M. A., "Novedades en el IVA de la actividad de intermediación turística, en especial las agencias de viajes", *International Journal of Scientific Management and Tourism*, 2015, Vol. 1, págs. 219-233.

VERDÚN FRAILE, E., "El IVA y las agencias de viaje: una relación difícil", *Revista de contabilidad y tributación*, nº 368, 2013, págs. 185-194.